편집자의 일

편집자의 일

초판 1쇄 인쇄 2020년 3월 16일
초판 1쇄 발행 2020년 3월 23일

지은이　　　　고미영, 김수한, 박활성, 신승엽, 윤동희, 전은정

펴낸이　　　　윤동희
편집　　　　　김민채, 황유정, 송세영, 안상희, 양현지, 이은선, 이현주
디자인　　　　김승은
제작처　　　　교보피앤비

펴낸곳　　　　(주)북노마드
출판등록　　　2011년 12월 28일 제406-2011-00152호

a. 08012 서울특별시 양천구 목동서로 280 1층 102호
t. 02-322-3905
m. booknomad@naver.com

ISBN 979-11-86561-69-0 03300

이 도서의 국립중앙도서관 출판예정도서목록(CIP)은
서지정보유통지원시스템홈페이지(http://www.nl.go.kr)와
국가자료공동목록시스템(http://www.nl.go.kr/kolisnet)에서
이용할 수있습니다.(CIP 제어번호: CIP2020009262)

www.booknomad.co.kr
@booknomadbooks

일러두기

『편집자의 일』은 '북노마드 윤동희 대표와 함께하는 출판 수업'(책방연희)에
참여한 송세영, 안상희, 양현지, 이은선, 이현주 등 5인이 북노마드 편집부가 되어
기획-인터뷰-편집 등에 참여한 책입니다. '우리, 만나요'라는 북노마드의
제안에 기꺼이 응해주신 편집자들에게, 출판 수업으로 인연을 맺은 분들에게
인사를 전합니다. 고맙습니다.

편집자의 일

고미영, 김수한, 박활성, 신승엽, 윤동희, 전은정

북노마드

prologue

출판업자의 일은 다른 사람의 작품을
잘 보여주는 것이다.
이는 단순히 한 팀의 일이 아니라,
상호간의 깊은 이해를 필요로 하는 것이다.
이미지를 선택하고 편집하고
이를 가능한 한 많은 대중이
공감할 수 있도록 보여주는 것,
그것이 내 유일한 삶의 목표다.

로베르 델피르(Robert Delpire)

'독자'와 함께 가기,
그게 핵심이에요

이봄
고미영 대표

인터뷰 —— 송세영, 양현지

좋은 경험도, 나쁜 경험도, 실패도, 작은 성공도……
모두 경험해야 해요.
그 경험을 기획과 편집에 녹여내는
전략적 사고가 필요합니다.
편집의 포인트는 '독자'입니다.

지금 '그곳'에서 책을 만들기 전까지 어떤 일을 하셨나요?
어디에서 어떻게 출판 이력을 쌓아오셨나요. 편집자가
되고 싶게 만든 특별한 동기가 있었나요? 그 시간 동안
객관적인 관찰자의 눈으로 출판 분야에서 목격했던
가장 중요한 변화는 어떤 것이었나요?

미술 전문 출판사에서 일을 시작했습니다. 한길아트, 시공
아트, 아트북스에서 일했어요. 대학원에서 서양미술사를
전공했는데 너무 재미있었어요. 그런데 연구자보다는 실
전에서 새로운 텍스트를 만들고 싶었어요. 연구에 전념하
는 학자를 발굴할 수도 있고, 숨어 있는 좋은 텍스트를 발
견할 수도 있고요. 미술사라는 학문의 특성과 편집자는 많
은 부분 일치한다고 생각했습니다.

저의 변화가 출판 시장의 변화가 아니었을까 싶어요.
제가 미술 출판을 하고 싶다고 마음먹은 것은 2000년대
초반인데, 그때는 교보문고 미술 분야가 엄청난 인기를 끌
었고, 큰 출판사들이 앞다퉈 대중미술교양서, 학술시리즈
를 야심차게 내놓았으며, 빅 셀러 저자가 이 분야에 등장한
때였으니까요. 어떻게 보면, 뜨거운 시장에 뛰어들고 싶었
던 것이겠죠.

그런데 아쉽게도, 제가 그 분야에 들어갔을 때는 전성
기를 지나고 있었어요. 하지만 오히려 미술책만 만들던 편

집자들은 다양한 분야의 책을 기획할 수 있는 기회를 얻은 셈이죠. 그때 미술편집자들은 수백 개의 이미지를 다룰 줄 아는 드문 편집자들이었고, 그런 그들은 스타일이나 여행, 만화로 눈길을 돌렸어요. 그즈음 인기를 끈 책이 장윤주의 『스타일 북』(시공사)이었어요. 장윤주 씨와 그분의 스타일리스트가 만든 책으로, 엄청난 베스트셀러였어요. 당시 '스타일'이 출판 시장의 키워드로 떠올랐어요. 그때는 전문가의 시대였죠. 반면, 요즘은 유튜브로 상징되는 '일반인의 시대'죠. 뷰티 분야의 책을 유튜브 진행자들이 만드니까요.

편집자의 (구체적인) 하루가 궁금합니다.

저는 일반 편집자보다 브랜드 운영자로서의 하루를 말씀드려야 할 것 같아요. 사실 24시간 온종일 책만 생각하는 것 같아요. 독자에게 책이 얼마나 읽히는지, 책에 대한 반응이 있는지를 체크하는 일로 하루를 시작해요. 눈을 뜨면 스마트폰으로 신간 상황을 점검합니다. 특히 전날 특별한 이슈가 있으면 신간 상황이 가장 궁금해져요. 그다음 스마트폰으로 오늘의 뉴스까지 이어보고, 회사에 출근해서 오늘의 신간 출고 상황과 온라인 서점의 오늘의 베스트셀러를 체크합니다.

　오전에는 주로 저자와 문자나 카톡으로 책의 방향 등 기획 이야기를 가볍게 주고받아요. 외서 때문에 에이전트와도 연락하고요.

　오후에는 실무를 해요. 신간 홍보 업무를 할 때가 많아요. 교정 등 편집에 몰입해야 하는데 낮에는 시간이 부족해요. 그러다 보니 저녁이 되어야 원고를 볼 수 있어요. 그런데 저자와 저녁에 이야기하는 경우가 많아서 온전히 원고를 읽는 시간은 밤이나 주말입니다. 일부러 원고를 보려고 시간을 비워둘 때도 있어요. 철저하게 외부와 차단된 시간을 갖는 편인데요. 그래도 밤에 원고를 읽는 순간이 가장 행복해요. 저자와 제가 깊이 만나는 순간이에요. '이 작가는 왜 이렇게 썼을까?' 짐작할 수 있는 순간이죠. 순수하게 텍스트의 재미도 있고, 독자에게 어떻게 읽힐지 짐작해보는 재미도 있어요.

내가 설정한 독자의 마음을 깊이
이해하는 것이 중요합니다.
가장 좋은 방법은
내가 그 상황에 놓여보는 거예요.
이심전심을 이길 수 있는 데이터나
분석은 없습니다.
좋은 경험도, 나쁜 경험도, 실패도,
작은 성공도……
모두 경험해야 해요.
그 경험을 기획과 편집에 녹여내는
전략적 사고가 필요합니다.
편집의 포인트는 '독자'입니다.

출판 환경이 다변화되는 지금 편집이란 각 출판사 혹은 편집자의 고유한 '제안 능력'이라고 보는데요. 출판사를 운영하며, 편집자로 살아가며 자신만의 편집 원칙이 궁금합니다. 어떤 식으로 한 권의 책을 만들어가시나요. 편집 과정의 가장 중요한 포인트는 무엇이라고 생각하시나요.

가능하면 독자 입장이 되어 살펴보려 합니다. 고백하자면, 저는 제가 만드는 책의 모든 작가와 글을 좋아합니다. 그래서 장점을 최대한 살리는 데 최선을 다해요.

내가 설정한 독자들의 마음을 깊이 이해하는 것, 이것이 중요한데요. 사실 타인의 마음을 100퍼센트 이해하는 가장 좋은 방법은 내가 그 상황에 놓여보는 거예요. 이심전심을 이길 수 있는 데이터나 분석은 없습니다. 맞아요, 좋은 경험도, 나쁜 경험도, 실패도, 작은 성공도…… 모두 경험해야 해요. 그 경험을 기획과 편집에 녹여내는 전략적 사고도 필요하고요.

편집에서 중요한 포인트는 한마디로 '독자'예요. 편집자는 독자와 작가를 연결하는 사람이니까요. 자기 의견을 낼 때는 그 방향이 '독자'에게 잘 다가갈 수 있어야 해요. 단지 나만의 개인 의견을 내서는 안 됩니다. 독자의 관심사를 늘 알아야 해요.

저자를 섭외하는 특별한 노하우가 있나요.

현재 편집자로서 주목하고 있는 작가가 있나요?

이봄출판사에서 책을 내고 싶었다는 작가님들이 계셨습니다. 그분들이 와주신 게 많고요. 저는 그분들이 산뜻하게 오실 수 있도록 '브랜드 관리'를 했다고 봐요. 제가 그 일에 관심이 많기도 하고요.

저는 국내 작가, 해외 작가로 양분하는 것에 익숙하지 않아요. 영토에 상관없이 '작가'라고 설정하는 편이에요. 어느 나라든 웹 소설이나 라노벨(라이트노벨) 플랫폼에서 경력을 쌓은 작가들을 주의 깊게 살펴보고 있습니다.

저자 섭외의 시작은 '키워드'예요. 요즘 독자가 읽고 싶은 이야기는 무엇인가? 예를 들어 '인사이트 여행'이라고 한다면, 누가 가장 잘 쓸 수 있는지 고민하고 저자를 찾죠. 연재 매체를 찾아보고, 저자를 찾아가는 게 일반적인 방법이에요. 이게 늘 쉽지는 않아요. 글의 깊이가 떨어질 수도 있고요. 출판사나 편집자가 원하는 방식을 100퍼센트 맞출 수 없어요.

두 번째 방법은 저자를 먼저 찾는 거예요. 요즘에는 다양한 매체가 있으니까요. 출판 환경의 변화와도 연결되는 부분이죠. 출판사가 신인 작가를 발굴해 성공하는 게 갈수록 어려워지고 있어요. 그래서 SNS에서 성공한 작가를 출판사에서 영입하기도 하죠.

끊임없이 트렌드를 봅니다. 네이버 검색 순위, 기사를 모두 보죠. 유명해진 사람들을 찾기도 하고요. 요즘에는 퍼블리 등 새로운 매체도 보고 있어요. 최근 들어 편집자가 봐야 할 매체가 많아졌어요. 저는 SNS를 수시로 보면서 사람들의 관심사를 찾아봐요. 보통 1만 명의 팔로워가 있어야 인기 있다지만, 저는 팔로워가 10만 명은 되어야 구매층이 생긴다고 봐요. 더 중요한 것은 댓글이나 '좋아요'예요. 실제로 소통하고 있는 사람이죠. 그래야 책을 낸 후 저자로서도 독자와 소통할 수 있어요. 무의미한 댓글보다는 제대로 소통하는지가 중요해요.

그동안 만든 책들 가운데 가장 많이 팔린 책 혹은
가장 아끼는 책을 꼽는다면 어떤 책일까요?

가장 많이 팔린 책은 이주은 교수의 『그림에, 마음을 놓다』(아트북스)입니다. 교수님은 이 책이 거의 데뷔작이었고, 미술에세이는 당시 죽어가는 분야였어요. 인기를 끌 만한 검증된 요소는 하나도 없었죠. 다만 '치유'라는 키워드가 있었습니다. 10만 부 가까이 나갔어요. 부수보다 편집자로서 보끊임없이 트렌드를 봅니다.

새로운 매체도 보고, SNS를 보면서

사람들의 관심사를 찾습니다.

팔로워가 10만 명은 되어야

구매층이 생긴다고 봐요.

더 중요한 것은 댓글이나 '좋아요'예요.

실제로 소통하고 있는 사람이죠.

무의미한 댓글보다

제대로 소통하는지가 중요해요.

람을 느낀 건, 미술에세이가 잠시나마 호황을 누렸다는 겁니다. 시장이 살아난다는 면에서 보람된 일이었죠. 내 프로젝트 하나만 성공하는 건 재미없거든요.

『마스다 미리』 만화 시리즈(이봄)도 좋아합니다. 이 책을 만들기 전에 일본 출판 시장을 보러 갔어요. 그런데 서점에서 『결혼하지 않아도 괜찮을까?』라는 제목을 보게 되었어요. '이게 제목일 수 있어?'라는 생각이 들었죠. 저처럼 외국인인 독자의 눈길을 끌 정도로 신선하고 재미있는 제목이었어요. 이 책을 읽으면서 약간 심심한 편이라고 생각했어요. 하지만 마지막 '한 방'이 있더군요. 작가 내공이 있다고 판단했어요. 그래서 해보기로 했죠.

이 책을 통해 이삼십 대 여성 독자층을 끌어냈다고 생각해요. 이후 비슷한 책들이 많이 나왔죠. 우리나라에도 그러한 흐름이 나올 시기였어요. 이처럼 만든 책을 통해 어떤 한 분야를 풍성하게 만드는 것을 보면 기분이 좋죠.

마스다 미리의 책은 작가의 자전적인 이야기예요. 작가도 '수짱은 곧 나다'라고 말했어요. 밝은 시기이지만, 우울감이 있는 삼십 대 이야기죠. 그러나 고민의 끝은 결국 '오늘 목욕이나 할까?' 같은 말로 끝나요. 즉, 아주 소소한 일상을 살아가고 평범한 고민을 하지만, 오늘 일은 잊고 쿨하게 넘기는 모습을 보여줘요. 나라는 사람을 놓지 않는 담대함이 마지막에 쿵 하고 마음에 다가오죠.

최근에 다른 출판사에서 출간된 책 가운데 가장
좋았던 책은 무엇입니까? 당신의 서재 혹은 책장을
설명해주시겠어요?

스리체어스 출판사의 『북저널리즘』 시리즈를 좋아합니다.
세상에 정보는 차고 넘치잖아요. 그런데 저자가 오랜 시간
경험한 노하우로 읽어낸 정보는 만나기 어렵죠. 진짜 고급
정보는 공유되지 않는다고 하잖아요. 그런 점에서 이 시리
즈의 저자들에게 고맙기까지 합니다. '이렇게 막 알려줘도
되나?' 싶을 때도 있어요. 단순 정보가 아니라 자신의 큐레
이션을 통해 의견을 공유한다는 건, 쉽지 않잖아요.

제 책장에 계속 업데이트되는 책은 '전시회 도록'과 '요
리책'입니다. 둘 다 훌륭한 이미지와 지금 이야기를 담고
있거든요. 요리책이 유행에 민감해요. 특히 외서가요. 이미
지가 5년만 지나도 트렌드가 달라지거든요. 사진 감도부터
시작해서 조금씩 유행이 달라져요. 재료를 어떻게 찍느냐
도 달라지고요. 그런 이미지를 참고하죠.

인스타그램, 페이스북 등 SNS 마케팅은 선택이 아닌
필수가 되었습니다. 편집자의 일에 브랜딩과 마케팅이
포함되어가고 있습니다. SNS를 하시나요? 만약
하고 있다면 SNS를 통해 독자와의 커뮤니케이션은
어떻게 하고 있나요? 몸담고 있는 출판사만의
SNS 핵심 스토리텔링은 무엇인가요?

이봄을 시작하면서 출판사의 트위터, 페이스북, 인스타그
램을 직접 운영했어요. 이봄 책이 SNS와 잘 맞는다고 생각
했어요. 어떤 책은 SNS에 최적화된 콘텐츠가 아닐 수도 있
거든요. 그런데 이봄 책들은 SNS에 올렸을 때 반응도 좋고,
홍보도 잘 되는 책들이에요.

　　핵심 스토리텔링은 '친근함'이에요. 독자에게 친근하
게 다가가는 콘텐츠일수록 반응이 좋아요. SNS를 통해 이
벤트나 증정 행사를 하는 것이 반응이 좋을 것 같잖아요?
하지만 『결혼하지 않아도 괜찮을까?』처럼 독자의 고민과
맞닿은 질문을 던지는 경우가 SNS에서 반응이 더 좋아요.

마스다 미리의 책은 자전적인 이야기예요.
밝은 시기이지만, 우울감이 있는
삼십 대 이야기죠. 그러나 고민의 끝은
결국 '오늘 목욕이나 할까?' 같은 말로
끝나요. 아주 소소한 일상을 살아가고
평범한 고민을 하지만, 오늘 일은 잊고
쿨하게 넘기는 모습을 보여줘요.
나라는 사람을 놓지 않는 담대함이
마지막에 쿵 하고 마음에 다가오죠.

『래그타임(Ragtime)』의 작가 E. L. 닥터로는
출판사의 가장 중요한 자산을 편집장들의 '취향'이라고
말했습니다. 편집장들의 '예감'을 대차대조표에다
숫자로 적어 넣기는 쉽지 않다는 건데요.
출판사를 운영하는 입장과 편집자의 입장을
어떻게 유지하고 계시나요.

점점 두 개의 입장이 일치하는 듯합니다. 처음엔 편집자 고유의 입장이 사라지는 것 같아서 스트레스도 받았습니다. 대차대조표에 예감을 넣어 수치화 작업을 하는 게 출판사 대표라고 생각했거든요.

요즘은 다른 입장입니다. 운영자가 되니 만나야 하는 사람과 세계, 해결해야 하는 일의 양상이 달라졌습니다. 그 입장에서 새로이 획득하는 취향과 예감은 '나의 새로운 취향과 예감'이 되고, 자연스럽게 대차대조표가 바닥에 깔린 채 취향과 예감이 형성된다는 생각이 듭니다.

예를 들어보죠. 저는 운영자이지만 이런 말이나 표정을 자주 만나요. '왜 자꾸 수정을 요구할까, 아트하자는 건가?' 하지만 뭘 하든, 그게 그 사람의 대차대조표에서 나온 거거든요. 운영자의 수정 요청은 자신이 책임을 지겠다는 거예요. 그래서 '왜 자꾸 수정을 요구해?'라는 말을 누군가 던진다면, 이제 책임은 그 말을 던진 사람에게 돌아가니 위

험한 말일 수도 있어요.

여하튼 편집자의 취향과 예감을 '아트 하냐?'라는 말로 폄훼하는 분위기는 지양되어야 합니다. 운영자도 마주하는 상황인데, 보통 직장인들은 더하겠죠.

어떤 책이 당신에게 가장 큰 영향을 주었습니까?
가장 아끼는 후배 편집자에게 단 한 권의 책을 권한다면 어떤 책을 권하시겠습니까?

요즘 저에게 직접적으로 영향을 주는 책은 스리체어스에서 나온 『북저널리즘』 시리즈입니다. 특히 이성규의 『사라진 독자를 찾아서』는 꼭 읽었음 해요.

독립 출판, 독립 서점, 언리미티드 에디션 등은
어떻게 바라보시나요? 출판 현장을 기준으로 앞으로의
서점 문화는 어떻게 펼쳐질 것으로 예상하시나요?

취향의 다양성이 발화하는 지금 이 순간을 누가 막겠어요.
흥하든 망하든 다양한 취향이 톡톡 터지는 건 계속될 것 같
아요. 출판 생태계가 좀 더 촘촘해지겠죠. '과잉 공급이 아
닌가'라는 문제는 그다음 해결해야 할 문제일 테고요.

일본의 사례를 참조할 만하지 않을까요. 전통 있는 대
형 서점의 본점이나 지점보다 츠타야 같은 라이프스타일
을 반영한 서점이 유행할 것 같은데요. 사람들에게 좋은 책
으로 마음의 양식을 전달하는 기업 이념보다 브랜드 가치
를 꾸준히 연구하고 실전 경험을 쌓은 기업에서 새로운 서
점을 라이프스타일과 엮어 등장시키지 않을까요. 사실 이
곳저곳에서 그런 시도가 보이지만 '이것이다' 말하긴 어렵
네요.

요즘 우리나라에 1-2년 된 서점이 많아졌다고 들었어
요. 취향의 다양성이 개화했다는 점에서는 긍정적이라고
생각해요. 기성 출판사가 하지 못하는 일을 독립 출판사가
하면 서로 주고받는 영향력이 생기니까요. 독립 출판물이
메이저 출판사에서 다시 나오는 등 독립 출판이 작가 발굴
처가 되기도 해요. 메이저에서는 좀 어려운 일이지만, 독립

출판에서는 신진 작가를 발굴하고 있으니까요.

　편집자들도 독립 서점을 많이 찾아가요. 대표적인 경우가 '유어마인드'죠. 저는 그곳이 생기자마자 갔어요. 편집자는 SNS를 보듯 출판 시장의 변화를 보여주는 새로운 곳을 찾아다녀야 해요. 앞으로는 다양한 취향을 반영하는 공간이 생겨날 거예요. 미래 출판 시장을 예측하기는 어렵지만, 서점의 자기 브랜드화가 중요해질 겁니다. 그 서점에 꼭 가고 싶다는 이유가 있어야만 하죠.

　저는 '스틸 북스'를 좋아해요. 이건 사담인데, 서점 옆 '일호식'이라는 식당 음식이 맛있거든요. 사담이지만 중요한 포인트이죠. 책도 보고 식사도 맛있게 하고 싶은 '경험'을 파는 거니까요. 독자는 늘 커피만 파는 서점에만 가지 않아도 되니까요.

　스틸 북스 4층에 일하는 사람들이 읽을 만한 책이 많아요. 스리체어스의 『북저널리즘』도 거기에서 주로 읽었어요. 경력에 도움 되는 책이 많아요. 그런데 무거운 책을 들고 4층 건물을 다니다 보면 힘들거든요. 그럴 때 바로 옆 식당으로 갈 수 있는 거예요. 그곳에서 책을 읽고 맛있는 식사까지 하면 하나의 코스가 만들어지는 경험을 할 수 있죠.

책이 좋아서 편집자의 일을 하고 계실 텐데요.

언제, 어디서 책 읽는 걸 좋아하세요?

'스틸 북스'는 직장인으로서 나의 경험을 충만하게 해주는 곳이죠. 또 저는 일본 출장이 잦아서, 두 시간 동안 읽을 수 있는 책을 가져가요. 출장 가는 비행기에서 150페이지 내외의 얇은 책을 읽습니다. 요즘은 '브랜드'와 '라이프스타일', 두 가지 키워드로 책을 읽어요. 최대한 많이, 다양하게 읽으려고 노력 중입니다.

일요일 오전에는 카페에서 책을 읽어요. 저만의 공간이 주변에 원처럼 만들어지는 느낌이에요. 소설과 에세이를 읽으면서 나만의 시간을 가집니다.

프레드 바르가스라는 프랑스 추리 소설가를 좋아해요. 우리나라에서는 유명하지 않은데, 프랑스에서는 베스트셀러 작가예요. 지적 재미가 있고, 프랑스와 관련된 내용이 많죠. 아밀리 노통브도 좋아해요. 그녀가 갖고 있는 삶에 대한 차가운 시선이 있어요. 그 모습이 저와 비슷해서 공감 가기도 하고요.

기획할 때, 투고 원고를 검토할 때, 편집 회의를 할 때
가장 중요하게 여기는 것은 무엇인가요?
반대로 피하는 종류는 무엇인가요.

초보 작가이더라도 '나'보다 '독자와의 관계'를 염두에 두는
작가의 글을 만나면 반갑습니다.

'나'의 이야기로만 가득한 원고는 편집자가 '독자와의
접점'을 발굴하는 게 어려워요.

키워드는 역시 '독자'예요. 독자가 좋아할 요소가 있는
지 봅니다. 타인이 읽어줬으면 하는 마음이 글에 담겨 있는
지 봐야죠. 그런 글을 쓴 작가는 출간 이후에도 독자와 잘
소통하는 편이에요. '나'만의 글이 아니라 '독자'와 함께 가
는 글이라야 해요.

레이먼드 카버의 단편집『사랑을 말할 때 우리가
이야기하는 것』은 편집자 고든 리시가 상당 부분
수정한 걸로 알려졌습니다. 카버가 반대했던
리시의 편집본은 경이적인 판매량을 기록했고,
이후 둘 사이는 멀어졌습니다. 책의 성공 여부를
떠나서 편집자들이 힘들어하는 문제가 작가와의
관계를 조정하는 일일 텐데요. 평소 '작가 관리'는
어떻게 하시나요? 어떤 작가에게 끌리시나요.
반대로 생각하고 싶지 않은 작가는
어떤 유형인가요.

바로 앞의 대답을 다시 드려야 할 것 같아요. 생각하기 싫
은 작가는 정말로 없어요. 모든 사람에게 장점이 있잖아
요? 장점을 극대화한 콘텐츠가 책인데, 그 글 때문에 작가
가 싫어지지는 않아요. 하지만 만약 어떤 작가가 저에게 그
분이 줄 수 있는 최고의 콘텐츠를 주지 않는다면, 즉 최선
을 다하지 않은 콘텐츠를 제공한다면 화가 날 수는 있겠죠.
    독자와의 관계를 염두에 둔 문체를 가진 작가를 만나
면 정말 좋아요. 재밌고, 잘 쓰고, 내용도 충실하지만, 오직
'작가 자신'만 있다면 아쉽죠. 이런 경우 '독자를 상정해서
다시 써달라'라고 이야기하지만, 참 쉽지 않아요. 커피숍에
서 누군가와 이야기를 나누어도 앞에 있지만 왠지 벽과 이

취향의 다양성을 누가 막겠어요.

흥하든 망하든 다양한 취향이

톡톡 터지는 건 계속될 거예요.

사람들에게 좋은 책으로 마음의 양식을

전달하는 기업 이념보다

브랜드 가치를 꾸준히 연구하고

실전 경험을 쌓은 기업에서

새로운 서점을 라이프스타일과 엮어

등장시키지 않을까요.

다양한 취향을 반영하는 공간이

생겨날 거예요.

서점의 자기 브랜드화가 중요해질 겁니다.

그 서점에 꼭 가고 싶다는 이유가

있어야만 하죠.

야기하는 느낌을 주는 사람이 종종 있잖아요. 독자가 앞에 있다고 생각하며 글을 써달라는 건, 어려운 주문이죠.

'작가 관리'는 저자와 많이 소통하는 편이에요. 친분 관계와 일적인 관계가 섞여 있지만, 너무 친분 쪽으로 가지 않으려 노력하죠. 서로 상처 받을 수 있으니까요. 아마 대체로 다른 분들도 그러실 거예요. 요즘에는 저자 분들이 카카오톡으로 의사소통하기를 선호하세요. 그래서 카톡도 주고받지만, 오해가 생기면 전화를 드리고, 그래도 안 되면 찾아뵙기도 하죠.

일본의 북 디자이너이자 일러스트레이터인 요리후지 분페이는 자신이 쓴 책『좋아하는 일을 하고 있다면』에서 '디자이너와 편집자는 책의 제목을 크게 할지 말지에 대한 논의를 반드시 거치게 되고 결국 그 문제는 편집권이 누구에게 있는가 하는 이야기로 확장된다'고 말했습니다. 이처럼 책의 최종 디자인에서도 편집자의 생각은 영향을 미치는데요. 디자이너와 책의 디자인 요소를 조정할 때 어떤 기준으로 개입하시나요? 편집자의 관점에서 좋은 책과 팔리는 책을 양립할 수 있는 디자인은 어떤 것이라고 생각하시나요?

본 게임에서 싸우는 건 괜찮아요. 저는 본 게임에서는 디자이너에게 설득당하는 편인데요. 처음 콘셉트를 잡을 때 굉장히 말이 많은 편이에요. 제가 일하는 방식이라서 정답이라고 하기는 어렵지만, 저는 콘셉트를 이야기했는데 서로 설득당하지 않았고, 서로 납득할 수 없다면 '제목을 크게 할까 말까' 같은 문제까지도 못 간다고 생각합니다. 의외로 이 초기 과정이 오래 걸리죠. 그런데 너무 쉽게 넘기기도 하고요.

전문가가 바라보는 미감의 깊이보다 독자들에게 매력적으로 보이는 디자인을 중요하게 생각해요. 그래서 어려워요. 편집자가 노력해야 하는 부분이죠.

요즘에는 독립 출판물 디자인에 사람들이 주목해요. 오랫동안 책을 만들었던 사람들은 독립 출판물 디자인이 약간 아쉽다고 생각했어요. 그런데 이제는 메이저 출판사에서 독립 출판 디자인을 참고하기도 해요. 예전에는 사진을 많이 썼는데, 요즘엔 일러스트를 많이 쓰는 편이죠.

> 작가에게 받은 초고를 책으로 만드는 과정에서
> 제목은 언제 정하시나요? 제목을 지을 때 중요하게
> 생각하는 것은 무엇인가요? 자신이 선택한 제목 중
> 가장 마음에 든 책의 제목은 무엇인가요.

작가와 원고 방향을 이야기하는 과정에서 제목이 나오는 편입니다. 제목은 주제문과도 같아서 주제문 없이 글을 쓸 수도 없겠지만, 편집도 할 수 없어요. 따라갈 맥락을 갖고 시작해야 합니다. 대강의 제목이라도 나와야 한다가 아니라, 거의 90퍼센트 완성된 제목이 나와야 합니다.

저는 기획서를 쓸 때 제목을 정해놓고 써요. 문학 편집자가 아니라 에세이나 자기계발 책이어서 주제문 자체가 제목으로 괜찮은 경우가 많거든요. 기획서를 만들 때 확정된 제목을 적으려고 생각을 오래하는 편이에요.

요즘에 가장 마음에 드는 책 제목은 『마음이 급해졌어, 아름다운 것을 모두 보고 싶어』입니다. 원제는 '아름다운 것을 보러 가는 여행'이에요. 사십 대 중반이 되어서 체력이 될 때, 놀자 다짐하는 문장. 내부에서는 반대도 있었어요. 너무 길다는 이유였죠. 그렇지만 독자들은 원서 제목보다 이 제목이 더 좋다고 피드백을 주셨어요.

지금 우리 시대는 어떤 '이야기'를
만들어가고 있다고 생각하시나요?

지금은 '자극적인 이야기'가 만들어지는 시대예요. 책이 경쟁해야 할 매체도 많아졌고, 수많은 매체들이 자기를 선택해주기를 원해요. 그런 상황에서 가장 먼저 선택받는 건 자극적인 것이거든요. 그런 식으로 책이 홍보되기도 하고요. 카드 뉴스를 만들어도 자극적인 요소를 뽑아내죠.

저는 자극성이 나쁘다고 생각하진 않아요. 사람들은 늘 자극적인 걸 원했으니까요. 책이 경쟁하는 방법도 좀 더 매력적으로 눈에 띄게 하는 거예요. 이러한 흐름이 좋고 나쁘다, 가치 판단은 할 수 없지만 그런 방향으로 가고 있어요. 이 상황을 눈여겨볼 필요는 있는 거죠.

독자들에게 권하고 싶은
이 봄 책 다섯 권

두 늙은 여자

벨라 월리스 지음, 김남주 옮김

삶이 치는 뒤통수는 '너 그러다 죽을 수 있어'라는 경고다. 당신을 살리려는 경고. 한 알래스카 부족에게 닥친 식량 위기. 부족은 두 명의 늙은 여자를 버리기로 결정한다. 살 만큼 살았다고 생각한 노인들은 배신당했다 여긴다. 하지만 곧 깨닫는다. "이대로 죽을 수 없지."

아킬레우스의 노래

매들린 밀러 지음, 이은선 옮김

그리스 신화 중 「아킬레우스 영웅 신화」는 서양 문화의 근간을 이룬다. 모든 권력자들이 모범으로 삼았던 영웅. 그런데 여성 작가 매들린 밀러는 아킬레우스가 아닌, 그의 나약한 애인을 주인공으로 소설을 썼다. 남성 중심 서사에 균열을 낸다.

다, 그림이다
손철주·이주은 지음

살면서 마주하는 여러 질문 가운데 열 가
지를 뽑아 손철주와 이주은 작가가 각각
동·서양 미술작품으로 답한다. 이들의 이
야기를 따라가다 보면 다양한 세계관을
통해 삶을 다각도로 이해할 수 있다.

결혼하지 않아도 괜찮을까?
마스다 미리 지음, 박정임 옮김

30대 싱글들의 정신적인 지주 마스다 미
리 작가를 국내에 처음 알린 책. 결혼과
나만의 독립적인 라이프스타일 사이에서
고민하는 싱글들의 사랑을 받았다. 고민
도 일상도 시종일관 담백하게 묘사하는
것이 마스다 미리의 특징.

릴리와 옥토퍼스

스티븐 롤리 지음, 박경희 옮김

아마존 최장기 베스트셀러. 함께 나이 들어가며, 존재하는 것만으로도 오랫동안 삶의 의지가 되어준 '최고의 친구' 반려견 릴리가 테드의 곁을 떠나려 한다. '옥토퍼스'라는 상징적인 단어 말고는 입에 담기도 싫은 그것 때문에. 주인공은 필사적으로 옥토퍼스와 싸운다.

객관적인 관찰자를
의심합니다

돌베개

김수한 편집주간

인터뷰──이현주

나는 왜 편집자가 되었나보다는
어떤 편집자가 될 것인가,
'객관적인 관찰자'가 될 수 있을까를 묻습니다.

지금 '그곳'에서 책을 만들기 전까지 어떤 일을 하셨나요?
어디에서 어떻게 출판 이력을 쌓아오셨나요. 편집자가
되고 싶게 만든 특별한 동기가 있었나요? 그 시간 동안
객관적인 관찰자의 눈으로 출판 분야에서 목격했던
가장 중요한 변화는 어떤 것이었나요?

지금 일터가 있는 '파주'로 오기 전에 쭉 서울에서 책을 만들었습니다. 남들보다 늦게 대학을 졸업하고서 갈 곳 몰라 하던 중 예전 타블로이드판형 시절의 《출판저널》을 넘겨보다 (지금은 사라진) '이끌리오' 출판사의 구인 광고를 발견하고 혹시나 싶어 서류를 보냈습니다. 현재 '에코리브르' 출판사를 경영하시는, 당시 이끌리오 박재환 대표께서 불러주셔서 '운 좋게' 편집자의 일을 배우기 시작했습니다. 그곳에서 짧은 기간 좋은 선배들의 일솜씨를 곁눈질하였고, 몇 달 후 '생각의나무'에서 일하게 되었습니다. 21세기 초엽 가장 활발한 출판 활동을 보여준 그곳에서 박광성 사장으로부터 많은 배움과 기회를 얻었습니다. 이후 '웅진씽크빅'에서 '산책자'라는 브랜드의 임프린트를 꾸려보면서 새로운 출판 시스템을 접해보았고, 다음에는 오랜 전통을 지닌 '현암사'에서 주간직을 맡아 일하였습니다. 돌베개 출판사까지 약 20년간 책을 만들면서, 나는 왜 편집자가 되었나보다는 어떤 편집자가 될 것인가, '객관적인 관찰자'는 가능한

가를 더 묻곤 했습니다. 그 시간 동안 목격한 출판 현장의 가장 '커다란' 변화는 '책을 읽지 않으면 사람이 되지 못한다'라는 류의 금언이 사라졌다는 것, 즉 마침내 '독서는 취미'가 되었다는 것 같습니다.

편집자의 (구체적인) 하루가 궁금합니다.

평일에는 출근의 문을 열며 《한겨레》 신문을 집어 듭니다. 지하철에서 신문을 읽습니다. 사무실에 도착하여 오늘의 커피 첫 잔을 마십니다. 오전에 편집부 에디터들의 업무 진행 상황을 체크하고 각종 회의(제목 회의, 마케팅 회의, 표지 회의, 편집 회의, 기획 회의 등)를 하고서 점심을 먹습니다. 때때로 동료들과 티타임을 가진 후 오후에는 밀린 원고(교정 원고, 입고 원고, 투고 원고 등)를 검토하거나, 주요 신간과 잡지 등을 뒤적이거나 인터넷을 검색합니다. 사이사이 메일을 쓰고 손님을 맞이합니다. 밀린 업무나 미팅이 없는 날은 정시에 퇴근하며, 퇴근 지하철에서 몇 개의 신문을 문화 면 중심으로 훑어봅니다. 귀가해서는 책을 읽기도 합니다. 몇 가지 취미를 가지고 있으나 딱히 편집자의 일과는 직접 관련이 없습니다. 보다시피 신문 읽기 빼고는 특별할 것은 없

습니다. 다만 '책을 기획하고 편집하는 일을 한다'는 직업의
식 혹은 관찰자라는 정체감을 자주 의식합니다.

> 출판 환경이 다변화되는 지금 편집이란
> 각 출판사 혹은 편집자의 고유한 '제안 능력'이라고
> 보는데요. 출판사를 운영하며, 편집자로 살아가며
> 자신만의 편집 원칙이 궁금합니다. 어떤 식으로
> 한 권의 책을 만들어가시나요. 편집 과정의
> 가장 중요한 포인트는 무엇이라고 생각하시나요.

'제안 능력'이라는 말, 근사한데요. 유에서 무를 뽑아내는
식의 창발성보다는 '경험칙'이라 새겨듣겠습니다. 편집자
로서 '알아볼 만한 책을 만들자'는 생각을 합니다. 왜 지금
이 책인지, 저자가 무엇을 말하는지, 글은 어떤 특별함을
지니는지, 독자는 어떤 발견에 주목할지, 독서장에 이 책이
놓일 좌표는 어디인지 등을 잘 읽어내고 그게 잘 드러나 보
이는 책을 만들고 싶습니다. 재료와 용도를 제대로 파악하
여 잘 빚은 항아리 같은. 구성이 비거나 교정이 거칠거나
제목이 엉뚱하거나 표지 디자인이 과하지 않은 딱 맞춤한.
유일무이한 작품보다는 잘 만든 공산품으로. 아, 무엇을 담

그동안 책을 만들면서 목격한
출판 현장의 가장 '커다란' 변화는
'책을 읽지 않으면
사람이 되지 못한다'라는 류의
금언이 사라졌다는 것,
즉 마침내 '독서는 취미'가
되었다는 것입니다.

은 책이구나, 매끄럽게 알아챌 수 있는. 따라서 편집 과정에서는 모자란 부분을 채우고 넘치는 부분을 덜어내는 '균형' 감각이 가장 중요한 일머리라 생각합니다.

저자를 섭외하는 특별한 노하우가 있나요.
현재 편집자로서 주목하고 있는 작가가 있나요?

저자를 섭외하는 특별한 노하우라고요? 부지런히 새로운 글과 말의 영토를 탐문하는 것 말고 다른 방법이 있을까요? 저자와 특별한 인연을 만드는 노하우는 모르겠고요. 예비 저자의 글에 대한 파악과 지속적인 탐독은 필수겠지만, 집요하게 전작을 뒤지거나 사생활 측면에 관심을 두지는 않습니다. 오래도록 교류하여 단 한 권의 책을 도모하는 경우도 있겠으나, 어느 날 도래하는 우연과 촉발에 더 기대는 편입니다. 새로운 글쓰기 풍경을 발견하고 끌리면 두어 번 관심과 제안을 피력하고, 지금이 아니다 싶으면 다음을 기약합니다. 꼭 제가 만들어야겠다는 욕심은 없으며(사장님이 아시면 안 되는데), 그 풍경이 지속되길 바라는 마음으로 기억해둡니다. 되도록 저자의 필력을 가장 발휘한 베스트 작업을 함께하고 싶고, 출판사의 브랜드와 에디터의 이름으로 책임지고 잘 만들어낼 수 있는 책을 꾀하고 싶습니다. 새로운 저자의 등장이 점점 드물어진 상황이어서 현재 주목하는 저자는 대부분 예전부터 주목을 끌던 저자들입니다. 저자를 찾는 루트와 접촉의 방식을 재설정해야 하지 않나, 숙제입니다. 가령, 이슬아 작가의 글을 읽고 놀랐는데, 아예 자신의 출판사를 차렸더라고요.

그동안 만든 책들 가운데 가장 많이 팔린 책 혹은
가장 아끼는 책을 꼽는다면 어떤 책일까요?

아끼는 책보다는 아까운 책을 꼽겠습니다. 절판된 책들, 그 가운데 『스티븐 제이 굴드 자연학 에세이 선집』(전 3권, 현암사)이 아깝습니다. 굴드의 '절륜의 글쓰기'를 흠모하여 큰 욕심을 냈습니다. 솜씨 좋은 번역자(김명남·김명주·김동광!)에 디자인도 빼어났는데(정재완!), 초판도 못 팔고 현재 절판이 되어버렸습니다. 가장 많이 팔린 책은 김훈 선생님이 쓰신 『칼의 노래』(생각의나무)입니다. 기획은 생각의나무 박광성 사장께서 하셨고, 저는 운 좋게 편집을 맡았습니다. 원고지에 쓰신 초고를 받아들고서 첫 문장을 읽던 날의 들뜬 긴장을 기억합니다.

최근에 다른 출판사에서 출간된 책 가운데
가장 좋았던 책은 무엇입니까?
당신의 서재 혹은 책장을 설명해주시겠어요?

책을 자주 사는 편이지만 많이 읽지는 못합니다. 주제 없이 이것저것을 읽습니다. 2019년의 기억나는 책 읽기는 공교롭게도 '만화'입니다. 파주출판단지 지혜의숲 건물 꼭대기에 있는 중고책방 '보물섬'의 단골인데, 거기에서 억수로 운 좋게도 데즈카 오사무의 『불새』(학산문화사) 세트를 구했습니다. 여기저기서 추천을 받은 '클래식'인데, 말 그대로 시대를 뛰어넘는 이야기에 벅차 눈물이 날 뻔했습니다. 이어서 읽은 모로호시 다이지로의 『만화 서유요원전 서역편 1~6』(애니북스) 또한 완간을 기다리기에 안달 나는 걸작이고요. 꼭 읽어보시라 추천합니다. 없는 이야기를 상상하는 힘과 있는 이야기를 표현하는 능력을 보여주는 최고의 사례를 연달아 만났습니다.

　　최근 출간된 책을 물어주셨으니 답하자면, N. K. 제미신의 『다섯 번째 계절』(황금가지)이 재미났습니다. 3년 연속 휴고 상 최우수장편상을 수상했다는 '부서진 대지' 시리즈 1권인데, 처음에는 시편을 연상케 하는 고풍스럽고 고양된(?) 문체에 당혹하다가 빠져들기 시작해 끝내 '완전히 새로운 대서사시'라는 카피에 공감하게 되었습니다. 출판사에

편집자로서 '알아볼 만한
책을 만들자'고 생각합니다.
저자가 무엇을 말하는지,
글은 어떤 특별함을 지니는지,
독자는 어떤 발견에 주목할지
잘 드러나는 책을 만들고 싶습니다.
유일무이한 작품보다는
잘 만든 공산품으로.
편집은 모자란 부분을 채우고
넘치는 부분을 덜어내는
'균형' 감각이 중요합니다.

서 약속한 대로 2권 『오벨리스크의 문』을 해가 가기 전에 펴내주어 고마웠습니다.

　많은 편집자들의 집 안 풍경이겠지만, 세간의 대종이 책입니다. 지금 사는 집으로 이사 오면서 책장을 논픽션, 소설, 시, 과학, 에세이, 문화예술, 여행, 조만간 읽을 책 등으로 구분해놓긴 했지만 책장 밖으로 책이 증식하고, 종종 책을 찾는 데 실패하곤 합니다. 장서가까지는 아니지만 오카자키 다케시의 『장서의 괴로움』(정은문고)을 공감하며 읽었습니다. '이상의 서재'는 뭘까? 오래전부터 생각하는 기획 토픽입니다.

인스타그램, 페이스북 등 SNS 마케팅은
선택이 아닌 필수가 되었습니다. 편집자의 일에
브랜딩과 마케팅이 포함되어가고 있습니다.
SNS를 하시나요? 만약 하고 있다면 SNS를 통해
독자와의 커뮤니케이션은 어떻게 하고 있나요?
몸담고 있는 출판사만의 SNS 핵심 스토리텔링은
무엇인가요?

개인적으로 SNS를 하지 않습니다. 성격에 맞지 않는 것 같아서요. 엉뚱한 얘기지만, 키보드에서 SNS를 입력하면 한글로 '눈'이라 자동 인식되어 신기했습니다. 눈은 창인데……. 'SNS 마케팅은 선택이 아닌 필수'라는 제보에 동의하고 조바심도 느낍니다만 뚜렷한 대처는 못하고 있습니다. 2020년 1월 현재 돌베개 페이스북 팔로워가 31,000여 명인데, 단행본 출판사로는 적지 않은 수로 알고 있습니다. 조금씩 꾸준히 콘텐츠를 올리려 합니다. 저희는 따로 SNS 담당자를 두고 있지는 않고 편집부와 마케팅부에서 그때그때 이슈를 업데이트하고 있습니다. 저희 돌베개의 주 독자군이 인스타그램 사용자는 아닌 것 같지만 유튜브를 포함해 직통하는 홍보 툴을 고민하고 있습니다. 돌베개만의 SNS 핵심 스토리텔링은 정보·재미·신뢰, 뭐 이런 것들은 아니고, '지식의 공동체'라 할까요? 저자와 독자들과 함께

배움을 나눌 수 있는 다양한 자리를 꾸리고 이 소식을 공유하는 마당으로 활용하려 합니다. 그걸 잘하고 있는 것 같지는 않으나, 우선은 '꾸준히'를 답이라 여깁니다.

『래그타임(Ragtime)』의 작가 E. L. 닥터로는
출판사의 가장 중요한 자산을 편집장들의 '취향'이라고
말했습니다. 편집장들의 '예감'을 대차대조표에다
숫자로 적어 넣기는 쉽지 않다는 건데요.
출판사를 운영하는 입장과 편집자의 입장을
어떻게 유지하고 계시나요.

취향과 예감, 멋진 소설 제목감인데요. 문학 전문 출판사의 경우는 좀 다르겠으나, 아무래도 돌베개는 인문사회과학 단행본 중심이라 편집자(장)의 취향 혹은 예감보다는 출판사의 목록이나 기획 계열을 고려하게 됩니다. 그러나 몇 년 사이 이른바 '돌베개스러움'보다는 새로운 흐름과 취향의 연대를 기획으로 엮어보자고 에디터들과 이야기 나누고 있습니다. 이때 취향과 기획 라인의 거리가 가깝다면야 순조롭겠지만, 그 틈이 넓다면 '발 빠짐'을 주의해야겠습니다. 출판사를 운영하는 입장은 유연하고, 편집자의 입장은

섬세하다면야 라인을 타는 것은 어렵지 않을 텐데…….

어떤 책이 당신에게 가장 큰 영향을 주었습니까?
가장 아끼는 후배 편집자에게 단 한 권의 책을
권한다면 어떤 책을 권하시겠습니까?

'단 한 권의 책'이라는 표현은 오래된 은유로 여겨집니다.
그렇다면 제게 가장 큰 영향을 준 책은 산(山)입니다. 스무
살 적부터 걸어 들어가 나오기를 거듭한 산은 사계절이라
는 순환과 변화를 품은 끝없는 책자입니다. 새로운 것을 바
라지 않아도 늘 새로운 완벽한 책. 산을 권유합니다. 혼자
서 혹은 여럿이서 그곳에 가서 천천히 저만의 책을 읽고 구
상해 보시기를. 맞다, 편집자 출신의 이영미 작가도 아주
멋진 책 『마녀체력』(남해의봄날)에서 전하지 않았습니까?
'운동을 하자 모든 것이 달라졌다고.' 당신이 만드는 책이
달라질 겁니다.

독립 출판, 독립 서점, 언리미티드 에디션 등은 어떻게
바라보시나요? 출판 현장을 기준으로 앞으로의
서점 문화는 어떻게 펼쳐질 것으로 예상하시나요?

단행본과 잡지의 풍토가 다른 것처럼, 단행본형 에디터와
잡지형 에디터는 류가 다른 것처럼, 단행본과 독립 출판은
다른 나라 같습니다. 그 영토에 가끔 기웃거리긴 하지만,
솔직히 낯설고 잘 모르겠습니다. 가끔 접경(frontier)의 재미
난 책들을 발견하기도 하지만……. 앞으로의 서점 문화는
저도 궁금합니다. 편집자의 향후와 연관되기도 해서요. '그
래서 그들은 서점으로 갔다?' 그런 면에서 독립 서점보다
는 동네 서점을 더 찾게 됩니다.

책이 좋아서 편집자의 일을 하고 계실 텐데요.
언제, 어디서 책 읽는 걸 좋아하세요?

책을 좋아하는 사람과 책 읽기를 좋아하는 사람은 다르겠
습니다. 말씀대로 편집자는 책이라는 형식을 좋아하는 사
람이겠고요. 각설하고, 저는 산을 오르는 도중 혹은 주말
오전의 집에서 책이 잘 읽힙니다.

특장이 한 가지라도 있는 기획,
스타일을 지닌 원고를 지향합니다.
편집자는 저자의 글 관리에 집중해야 합니다.
'태도'가 좋은 필자에 끌립니다.
자기중심이 지나치게 센,
함께 책을 만드는 편집자를 존중하지 않는
필자는 피하고 싶습니다.

기획할 때, 투고 원고를 검토할 때, 편집 회의를 할 때
가장 중요하게 여기는 것은 무엇인가요?
반대로 피하는종류는 무엇인가요.

'누가 읽을까'입니다. 애매한 말이긴 하지만, 완성도에 더해
특장이 뭔가 한 가지라도 있는 기획, 스타일을 지닌 원고를
지향합니다. 그래서 누가 언제 어디서 읽을까, 그때와 곳이
잘 보이는 원고가 반갑습니다. 물론 무슨 말을 하려는지 잘
읽히지 않는, 알아볼 수 없는 글은 '킬'합니다. 그래서 '누구
나 읽어야 한다'고 적은 투고 원고는 늘 안타깝습니다.

레이먼드 카버의 단편집 『사랑을 말할 때 우리가
이야기하는 것』은 편집자 고든 리시가 상당 부분
수정한 걸로 알려졌습니다. 카버가 반대했던
리시의 편집본은 경이적인 판매량을 기록했고,
이후 둘 사이는 멀어졌습니다. 책의 성공 여부를 떠나서
편집자들이 힘들어하는 문제가 작가와의 관계를
조정하는 일일 텐데요. 평소 '작가 관리'는 어떻게
하시나요? 어떤 작가에게 끌리시나요. 반대로
생각하고 싶지 않은 작가는 어떤 유형인가요.

편집자는 저자가 아닌 저자의 글 관리에 더 집중해야 합니
다. 원고를 신중히 읽고 그 느낌을 공유하고 무엇을 보태
고 덜어낼지 편히 논의할 수 있는 만큼 인식의 거리를 유지
한다면 좋겠지요. 우선 '태도'가 좋은 필자에 끌립니다. 반
대로 자기 확신이 지나치게 센, 편집자를 포함해 함께 책을
만드는 이들의 영역을 존중하지 않는 필자는 피하고 싶습
니다만……. 책은 저자의 것만은 아니니까요.

일본의 북 디자이너이자 일러스트레이터인 요리후지 분페이는 자신이 쓴 책『좋아하는 일을 하고 있다면』에서 '디자이너와 편집자는 책의 제목을 크게 할지 말지에 대한 논의를 반드시 거치게 되고 결국 그 문제는 편집권이 누구에게 있는가 하는 이야기로 확장된다'고 말했습니다. 이처럼 책의 최종 디자인에서도 편집자의 생각은 영향을 미치는데요. 디자이너와 책의 디자인 요소를 조정할 때 어떤 기준으로 개입하시나요? 편집자의 관점에서 좋은 책과 팔리는 책을 양립할 수 있는 디자인은 어떤 것이라고 생각하시나요?

디자인 발주서는 편집자들이 조금 소홀히 준비하는 문건인데, 디렉팅의 칠팔 할이 담긴 밑그림이니만큼 넉넉히 작성하면 좋겠습니다. 디자이너의 고민과 시도가 십분 발휘된 시안이라면 되도록 수용하는 편입니다. 물론 디테일에서는 디자이너와 밀당하기도 하고요. 오히려 더 어려운 문제는 필자의 디자인 개입(?)이죠……. 좋은 책과 팔리는 책은 충분히 양립 가능하고, 디자인 또한 마찬가지라 생각합니다. 좋은 글에다 과감한 디자인을! 편집자가 좋은 디자인을 선택하기 위해서는 좋은 꼴들을 눈에 많이 담아보는, 안목의 연습량이 확보되어어겠고요.

작가에게 받은 초고를 책으로 만드는 과정에서
제목은 언제 정하시나요? 제목을 지을 때 중요하게
생각하는 것은 무엇인가요? 자신이 선택한 제목 중
가장 마음에 든 책의 제목은 무엇인가요.

제목은 짓는 것이 아니라 찾아내는 것 같습니다. 운 좋게도
처음부터 제목이 퍼뜩 잡히는 경우도 있고, 마지막까지 오
리무중인 경우도 있습니다. 모호하지만, 제목은 제목다운
힘과 리듬을 가져야 합니다. 입에 붙어야지요. 긴 설명이
필요한 난수표나 지나치게 멋이나 친절을 부린 제목은 피
하고자 합니다. 때로 두서없는 제목 회의도 필요하지만, 그
날의 제목안을 그날 고르는 우를 피하기만 한다면, 엄청난
제목은 아니더라도 알아볼 만한 제목을 찾을 수 있겠습니
다. 책 제목은 아니지만, 제가 책임을 졌던 '산책자'라는 임
프린트 브랜드명이 두고두고 마음에 듭니다.

지금 우리 시대는 어떤 '이야기'를 만들어가고
있다고 생각하시나요?

'이야기'가 사라지는 시대에 마지막 남은 이야기는 무언지,
이야기를 수집하는 사람들의 낭패와 향수를 기록한 이야
기들이 남은 것 같습니다. 이건 감상적인(?) 질문에 붙인 한
편집자의 감상이고요. 질문에 대한 답이 아니지만, 오히려
이야기 밖의 이야기들이 증식하는 것 같습니다. 모바일을
타고 오는 저 수많은 이야기들……. '누가' 읽는 걸까요? 그
게 계속 궁금합니다.

독자들에게 권하고 싶은
돌베개책 다섯 권

알지 못하는 아이의 죽음
은유 지음, 임진실 사진

특성화고를 다니던 아이는 왜 공장에 가서 주검으로 발견되었나. 교육과 노동을 이야기할 때 배제되는 아이들의 형편과 마음을 추적한 르포. 에디터의 간곡한 기획안에 필자의 공감과 필력이 더 바랄 수 없게 채워졌다. '세상은 원래 그래'라는 폭력 앞에 '힘들면 그만두렴' 하고 편드는 말을 늦기 전에 전할 수 있기를 바란다.

3월 1일의 밤
권보드래 지음

1919년 세계의 들뜬 기운이 한반도로 모여 폭발하던 날들의 기록. 우리는 3·1을 얼마나 알고 있나. 첫 장을 여는 순간, 3·1은 우리가 알던 '봉기'가 아닌 이미 도래한 '이후'로 그려진다. 20여 넌 전 3·1을 만난 저자가 그동안 천착한 주제의 16가지 얼굴을 정밀히 묘파한다. 이만한 '사랑'의 기록은 오랜만에 접했다. 가장 아름다운 서문이 여기에 있다.

낙인찍힌 몸
염운옥 지음

우리 몸에 드리워진 인종주의의 그물은 촘촘하고 넓고 질기다. 자신을 괄호 치고 공부를 한다는 것이 얼마나 낭패인지 읽어갈수록 깨우치게 만드는 몸의 지식. 몇 년 사이 접한 가장 구체적이고 보편적인 앎으로 반가웠다. 가령, 난민은 누구의 이름인지 발화를 멈칫하게 될 것이다. 오래 고심하여 찾아낸 제목도 반가웠다.

책임에 대하여
서경식·다카하시 데쓰야 지음, 한승동 옮김

이렇게 직설적이고 정직한 제목은 오랜만이다. 자이니치로서 디아스포라 에세이스트인 서경식과 우경화하는 일본 사회에 대척하는 지식인 다카하시 데쓰야 간의 20여 년에 걸친 우정과 연대의 대화 총결산. 전후로부터 오늘까지 일본의 본질, 위안부 문제, 후쿠시마 이후 등 책임의 방기를 통렬히 논한다. 논쟁이 들리는 듯한, 올해의 과감한 표지.

SF 거장과 걸작의 연대기

김보영·박상준·심완선 지음

오래도록 이 목록을 기다렸다. SF는 이제 마니아들의 길티 플레저가 아닌 21세기의 교양이 되어가는 모양이다. 한국 SF 장르의 선지자 세 명이 모여 메리 셸리부터 테드 창까지 SF 계보의 굵은 글자 51명의 거장과 걸작을 훑은 책. 우스갯소리가 아니라 이제부터 SF를 여행하게 될 첫 독자가 몹시 부럽다. 그의 설렘과 희열이.

태도가 책이 될 때

워크룸 프레스
박활성 공동 대표

인터뷰 —— 송세영

이건 편집자로서 자부심 비슷한 걸 가지고
계속 일하기 위해서도 필요한 일이에요.
그게 아니면 책 만드는 일이란
매우 허망할 수 있거든요.
세상에 꼭 나와야 할 책이란 얼마 안 되니까요.

지금 '그곳'에서 책을 만들기 전까지 어떤 일을 하셨나요?

어디에서 어떻게 출판 이력을 쌓아오셨나요.

편집자가 되고 싶게 만든 특별한 동기가 있었나요?

대학교 졸업을 앞두고 갑자기 그래픽 디자이너라는 직업이 멋있어 보였어요. 그런데 인문대를 나와 무턱대고 그래픽 디자이너가 될 수는 없는 노릇이고, 다시 미대에 들어갈 엄두도 안 났어요. 한편 당시 먼저 학교를 졸업하고 직장에 다니던 여자 친구가 책 만드는 일을 하고 있었는데, 역시 옆에서 보기에 멋있어 보였죠. 어쨌든 직장은 구해야겠고 뭘 해야 할지 고민하다가 갑자기 이런 생각이 들었어요. '그럼 그래픽 디자인 책을 만들면 되겠네.' 어쩌면 그리 단순하게 생각할 수 있었는지 모르겠지만 그렇게 결론을 내렸어요. 그 길로 서점에 가서 디자인 서적을 들춰봤는데, 요즘이면 다를 수 있겠지만 당시로서는 선택지가 둘밖에 없더군요. 안그라픽스 아니면 디자인하우스. 그중 안그라픽스에서 발간하던 『디자인 문화비평』을 보고 이런 책이라면 재미있게 만들 수 있겠다 싶어 무턱대고 안그라픽스 출판부에 메일을 보냈어요. 자기소개서도 열심히 썼는데, 아마 디자인에 대한 이야기는 하나도 없었을 거예요. 아는 게 없었으니까요. 마침 안그라픽스에서도 편집자를 한 명 더 뽑을까 고민하던 차여서 인터뷰를 하게 됐고, 얼떨결에 채

용됐습니다. 저로서는 감사할 따름인데, 사실 뭘 보고 저를 편집자로 채용했나 싶어요. 디자인이나 출판에 대해 하나도, 말 그대로 아무것도 몰라서, 책을 낼 때마다 사고를 쳤거든요. 가령 부록으로 주는 CD에 수록된 프로그램을 제 컴퓨터에서만 점검해서 정작 디자이너들이 많이 사용하는 맥에서는 안 돌아가기도 했고…… 맥이랑 PC가 뭐가 어떻게 다른지도 몰랐던 거죠.

그렇게 반년 정도 일을 배우던 차에 부서 이동이 있었어요. 단행본을 만드는 출판부에서 클라이언트 일을 하는 디자인 부서로 옮겨서, 선배 편집자 한 명과 둘이서 대기업에서 내던 사외보 하나와 한국디자인진흥원에서 발간하던 《디자인 디비》라는 잡지를 맡게 됐죠. 그런데 두 달 정도 있다가 선배가 퇴사하는 바람에 그중 디자인 잡지를 제가 혼자 맡게 됐어요. 지금 생각해도 경력 1년도 안 되는 초짜한테 혼자 잡지를 편집하라고 한 게 정상은 아닌데, 아무튼 그렇게 됐습니다. 만들라고 하니까 만들기는 해야겠고, 어떻게 만드는지 모르니까 그냥 제 맘대로 만들었는데, 이게 의외로 주변에서 괜찮은 반응을 얻었어요. 운이 좋았던 것 같아요. 클라이언트 입김으로부터 상대적으로 자유로운 매체여서 가능한 일이었고, 또 좋은 디자이너와 같이 만들 수 있었으니까요. 후에 그래픽 디자인 스튜디오 프랙티스를 세운 유윤석과 지금 워크룸의 공동 대표인 이경수가 당시 그 잡지 디자인을 맡았거든요.

이야기가 너무 길어지니 이쯤에서 줄이자면, 이후 경력이 쌓이면서 늘어난 일들에 점차 지쳐가다가 잡지가 폐간되는 바람에 퇴사를 결심했어요. 한동안 프리랜서로 일하다가 민음사 출판그룹에서 만드는 새로운 임프린트 작업에 참여해서 세미콜론을 론칭했고, 2006년 말 앞서 말한 《디자인 디비》를 만들 때 인연을 맺은 사람들과 함께 워크룸을 차려서 현재까지 편집자로 일하고 있습니다.

편집자의 (구체적인) 하루가 궁금합니다.

출판사 규모에 따라 다를 텐데, 워크룸 프레스는 규모가 작은 데다가 제가 회사 재정을 비롯한 전반적인 관리 업무까지 맡고 있어서 잡다한 일들이 많아요. 먼저 아침 8시 반쯤 출근해서 메일을 확인하고, 통장 잔고를 들여다보고, 각종 입금이나 계산서 발행을 하고, 청구서나 견적서를 검토하고, 서점 주문을 처리하죠. 보통 11시쯤이면 끝나지만 어떤 때는 오후까지 이런 일들이 계속되기도 해요. 이후 별다른 약속이 없으면 이제 일을 시작해볼까 하는 마음으로 원고를 들여다봅니다. 보통 서너 권의 원고를 동시에 진행하

편집자가 책을 대하는 '태도'는 중요해요.

완벽한 편집은 없지만 최소한

자신이 맡은 책에 최선을 다하는,

혹은 적어도 책이 나왔을 때

후회 없도록 편집을 해야죠.

이건 편집자로서 자부심 비슷한 걸 가지고

계속 일하기 위해서도 필요한 일이에요.

그게 아니면 책 만드는 일이란

매우 허망할 수 있거든요.

세상에 꼭 나와야 할 책이란 얼마 안 되니까요.

는데, 막 화면 교정을 시작하는 원고부터 마무리 단계에 있는 원고까지 다양해요. 한 원고를 본 후 디자이너나 저자에게 넘기고, 그 원고가 다시 저한테 돌아오는 사이 다른 원고들을 편집합니다. 아마 어느 정도 경력이 쌓인 편집자라면 다들 마찬가지라고 생각하는데 검토나 계약, 집필 등의 단계에 있는 책들까지 합하면 최소한 예닐곱 권, 많으면 수십 권의 책을 동시에 맡고 있을 거예요. 그러다 7-8시쯤 퇴근합니다. 이게 일상적인 하루 일과인데, 사실 오후 내내 원고만 들여다볼 수 있는 날은 운이 좋은 편이죠. 사람들도 만나고, 원고를 독촉하고, 출간이 늦어져서 미안하다고 말하고, 보도자료를 쓰고, 서점 MD도 만나고, 창고도 가끔씩 가봐야 하고, 출판 행사도 있고, 꼭 참석해야 할 전시나 행사도 있게 마련이고, 다달이 전기 요금과 월세를 내고, 재고가 부족하면 재쇄도 찍어야 하고, 인세나 해외 저작권 계약도 관리해야 하고, A4 용지가 떨어지면 주문하고요.

출판사를 운영하며, 편집자로 살아가며 자신만의
편집 원칙이 궁금합니다. 어떤 식으로 한 권의
책을 만들어가시나요. 편집 과정의 가장 중요한
포인트는 무엇이라고 생각하시나요.

특별히 고수하는 원칙은 없어요. 지금까지 편집자로 일한 과정을 돌이켜보면 편집이나 출판에 대한 생각은 계속 변하는 것 같아요. 더군다나 지금 제 나이에 출판에 대한, 혹은 편집에 대한 원칙을 들먹이면 꼰대 되기 십상이거든요. 예전에 몇몇 선배들이 했던 이야기가 꼭 그렇게 들렸기 때문에, 설사 있더라도 절대로 저의 편집 원칙을 밝히지 않을 작정입니다. 다만, 일종의 직업윤리로서 편집자가 책을 대하는 '태도'는 중요하다고 생각해요. 물론 완벽한 편집은 없지만 최소한 자신이 맡은 책에 최선을 다하는, 혹은 적어도 책이 나왔을 때 후회 없도록 편집을 해야죠. 이건 편집자로서 자부심 비슷한 걸 가지고 계속 일하기 위해서도 필요한 일이에요. 그게 아니면 책 만드는 일이란 매우 허망할 수 있거든. 세상에 꼭 나와야 할 책이란 얼마 안 되니까요.

편집 과정에서 가장 중요한 포인트는 책마다 다른 것 같아요. 어떤 책은 출간 타이밍을 잘 잡는 게 중요할 테고, 해외 학술서라면 엄밀한 번역과 용어 선택에 신경을 써야 할 테고, 또 어떤 책은 함께 들어가는 일러스트가 중요할

테고요. 전반적인 과정이 모두 중요하고 다만 각 책의 성격
이나 상황에 맞게 대처해야죠.

저자를 섭외하는 특별한 노하우가 있나요.

입장을 바꿔서 생각해보면 된다고 생각해요. 출판사에서
출간 제안이 왔을 때 저자가 어떤 생각을 할지. 일단 믿음
이 있어야 할 것 같아요. 내 원고를 저 출판사에 맡겼을 때
합당한 대우를 받을 수 있는지. 편집자만 해도 자기가 맡은
책을 중요하게 여기는데 저자는 어떻겠어요. 사람에 비유
하자면 자기가 낳은 아이나 마찬가지일 거 아니에요. 그런
데 출판사에 맡겼더니 뭔가 홀대를 받는 것 같고, 옷도 추
레한 것 같으면 얼마나 속상하겠어요. 물론 저자마다 생각
이 다르고 중요하게 생각하는 게 다를 테니 일률적으로 말
할 수는 없죠. 출판사의 인지도가 무엇보다 중요할 수도 있
고, 판매도 당연히 중요하고요. 그렇지만 저곳에 원고를 맡
기면 최선을 다해서 편집하고 디자인을 해서 한 권의 책으
로 만들어줄 수 있다는 믿음이 기본적으로 있어야 원고를
맡길 수 있지 않을까 생각해요.
　　물론 출판사를 차릴 때는 처음부터 시작해야겠죠. 그

동안 쌓아온 인맥을 활용하거나 최대한 저자를 설득할 만한 제안을 들고서요. 그렇게 자신의 출판사에 어울리는 좋은 책을 꾸준히 내는 수밖에 없겠죠. 워크룸 프레스가 본격적으로 출간을 시작한 2011년만 해도 그래픽 디자인계를 넘어서면 일일이 저자에게 어떤 곳인지 설명해야 했지만 지금은 그럴 필요가 점점 줄어든다는 게, 그리고 많은 경우 호의적인 반응을 보인다는 점이 가장 뿌듯한 일이기도 해요. 특별한 노하우라면, 글쎄요, 저는 종종 판매는 모르겠지만 멋있게 만들어드릴 자신은 있다고 말하면서 꼬시기도 해요. 그 이유만으로 워크룸 프레스를 선택하지는 않겠지만, 망설이는 중이라면 살짝 도움은 되지 않을까 하는 심정으로요.

그동안 만든 책들 가운데 가장 많이 팔린 책 혹은
가장 아끼는 책을 꼽는다면 어떤 책일까요?

저의 편집자적 욕망이 가장 잘 드러난 책은 창간호부터 폐
간호까지 편집장을 맡았던 《디플러스》라는 디자인 잡지라
고 생각해요. 그중에서도 5호는 아쉬운 부분도 있지만 전
체적인 기획부터, 글 하나하나, 원고 제목에 이르기까지 세
세한 부분에 제 생각이 반영되어서 애착이 가요. 단행본으
로는 세미콜론에 있을 때 편집했던 『영혼을 잃지 않는 디
자이너 되기』가 가장 먼저 떠오릅니다. 영국의 그래픽 디
자이너 아드리안 쇼네시가 쓴 책인데 현재 워크룸 공동 대
표인 김형진과 옛 안그라픽스 동료 유진민이 번역을 맡았
고, 당시 사이언스북스 디자이너였던 정재완의 소개로 만
난 윤재웅, 이기준, 전가경, 박현우 등이 함께 국내 디자이
너들의 인터뷰를 진행해서 실었죠. 현재까지도 그 인연이
이어져오고 있고, 초반에 워크룸을 차리고 운영하는 데 이
책이 꽤 도움이 되기도 했어요. 스튜디오 이름 짓는 법이나
직원 채용하는 법 등등 어떻게 보면 별다를 것 없는 내용
일 수도 있지만 뭐랄까…… 적어도 우리가 잘못하고 있지
는 않다는 느낌을 줬거든요. 워크룸 프레스에서 만든 책 가
운데는 베르톨트 브레히트의 『전쟁교본』이 아무래도 어떤
출발점 같은 역할을 한 책이라 기억에 남아요. 회사를 차린

세상은 점점 편해지고,

노동 강도는 점점 세지고 있어요.

독자들과 만나는 통로는

점점 많아지는데,

기존 인력으로 최대한 커버해야 하는

상황인 거죠.

광고나 서점에 기대던

전통적인 마케팅과 비교해보면

SNS를 통한 독자와의 소통은

출판사의 브랜딩과 밀접한 관계가 있어요.

무작정 책만 팔아서는 안 된다는 말이죠.

지 3~4년 정도 지나고 어느 정도 사무실이 안정적으로 돌아가기 시작했을 무렵 본격적으로 출판을 시작해보자고 해서 냈던 책이거든요. 배수아 작가에게 번역을 부탁하고 싶어서 연락을 드렸는데, 그때만 해도 이름도 들어보지 못한 출판사였을 텐데 흔쾌히 맡아주셔서 감사했죠. 정확하지는 않지만, 당시 배수아 작가가 '브레히트의 책을 번역한다는 것 자체가 멋진 일'이라고 생각해서 번역을 맡았다고 말했던 걸로 기억해요.

최근에 다른 출판사에서 출간된 책 가운데 가장
좋았던 책은 무엇입니까? 당신의 서재 혹은
책장을 설명해주시겠어요?

돌베개에서 나온 『죽은 자들의 도시를 위한 교향곡』이 가장 좋았어요. 제2차 세계대전 당시 수백만 명이 사망한 레닌그라드 전투를 배경으로 쇼스타코비치의 생애와 그가 작곡한 교향곡을 다룬 책인데, 간만에 만난 멋진 논픽션입니다. 김동신 디자이너가 작업한 표지도 멋있고요.

사무실에 있는 책장은 와보셔서 알겠지만 난장판이에요. 정리를 해도 그때뿐이라서 필요한 책을 찾기가 좀 힘들죠. 집에 있는 책장도 올해 이사를 한 후 대충 정리한 상태 그대로예요. 예전만큼 책 정리에 신경을 쓰지 않는데, 아무튼 아내와 제가 신혼 때 정한 책 정리 기준은 크기, 출판사, 시리즈, 분야 순입니다. 크기야 이유를 말씀드리지 않아도 물리적인 한계 때문에 제한된 책장을 효율적으로 사용하려면 그럴 수밖에 없으니까요. 아주 큰 책과 작은 책들을 모아놓은 곳이 있고, 그다음이 출판사인데, 책을 찾을 때 그 책이 어디에서 출간됐는지를 기억해서 찾는 경우가 많고, 출판사별로 모아놓으면 어느 정도는 자연스럽게 분야가 반영되기도 하니까요. 또 같은 출판사의 책이 모여 있을 때 가장 아름답기도 하고요. 거기에 더해 뭐라 이름 붙이기 힘든 기타 분류가 있어요. 이를 테면 최근에 산 일종의 신간 코너, 자주 들춰보는 책, 차마 버리지 못하는 책 등등.

인스타그램, 페이스북 등 SNS 마케팅은 선택이 아닌
필수가 되었습니다. 편집자의 일에 브랜딩과 마케팅이
포함되어가고 있습니다. SNS를 하시나요? 만약
하고 있다면 SNS를 통해 독자와의 커뮤니케이션은
어떻게 하고 있나요? 몸담고 있는 출판사만의
SNS 핵심 스토리텔링은 무엇인가요?

편집자뿐 아니라 디자이너나 마케터도 마찬가지죠. 모든
노동의 밀도가 점점 높아지고 있는 것 같아요. 세상은 점점
편해지고, 노동 강도는 점점 세지고 있지요. 그러나 이건
이 인터뷰의 주제를 벗어나는 일이니, SNS와 관련해 이야
기해보자면 독자들과 만나는 통로는 점점 많아지는데, 규
모가 큰 출판사가 아닌 이상 기존 인력으로 최대한 커버해
야 하는 상황인 거죠. 그렇다고 늘어난 통로만큼 독자들이
나 책의 판매량이 늘어난 것도 아니고, 오히려 체감하는 마
케팅 가능성이나 범위는 점점 줄어드는 상황에서 출판사
들은 SNS를 주요한 마케팅 툴로 여길 수밖에 없겠죠. 비용
대비 효과를 따져도 그렇고요. 그런데 광고나 서점에 기대
던 기존의 전통적인 마케팅과 비교해보면 SNS를 통한 독
자와의 소통은 출판사의 브랜딩과 밀접한 관계가 있다는
점에서 달라요. 말씀하신 핵심 스토리텔링이란 것이 이와
관련된 듯한데, 사실 워크룸 프레스는 SNS를 통한 브랜딩

및 마케팅에 그리 능하지 않고, 별로 신경 쓰지 못하고 있어요. 핵심 스토리텔링이랄 것도 없고, 굳이 암묵적인 방침을 이야기하자면 군더더기는 붙이지 말자, 정도가 될 것 같습니다.

『래그타임(Ragtime)』의 작가 E. L. 닥터로는
출판사의 가장 중요한 자산을 편집장들의 '취향'이라고
말했습니다. 편집장들의 '예감'을 대차대조표에다
숫자로 적어 넣기는 쉽지 않다는 건데요.
출판사를 운영하는 입장과 편집자의 입장을
어떻게 유지하고 계시나요.

'편집장'이 아니라 '편집자들'의 취향이 모여서 자연스럽게 한 출판사의 취향이 드러나면 가장 좋겠죠. 워크룸 프레스에는 저 이외에 두 명의 편집자가 있어요. 한 분은 워크룸 문학 총서 '제안들', 사뮈엘 베케트 선집, 사드 전집, 워크룸 한국 문학 '입장들'을 펴내고 있는 김뉘연 편집자이고, 다른 한 분은 워크룸 실용 총서를 펴내고 있는 민구홍 편집자입니다. 펴내는 책들을 보면 알겠지만 정말 취향이 확실한 분들이지요. 두 분을 영입할 때 워크룸 프레스에 궁금한 것이

있으면 물어보라고 했더니, 여기에 들어와서 자기가 어떤 책을 만들게 될지, 혹은 어떤 책을 만들면 되는지 물어보더군요. 그거야 저도 모르고, 본인이 만들고 싶은 책을 만들면 된다고 말했어요. 물론 그 취향이 대차대조표에 어떤 숫자를 기록할지는 중요한 문제인데, 출판사를 운영하는 입장에서 제가 할 일은 근사한 취향을 가진 편집자들을 영입하고, 만들고 싶은 책을 만들 수 있는 환경을 최대한 유지해 나가는 게 아닐까 싶어요. 말처럼 쉽지 않은 일이란 걸 느끼고는 있지만, 앞으로도 최대한 노력할 생각입니다.

어떤 책이 당신에게 가장 큰 영향을 주었습니까?
가장 아끼는 후배 편집자에게 단 한 권의 책을 권한다면
어떤 책을 권하시겠습니까?

어떤 책이 한 사람의 인생에 영향을 미친다는 건 멋진 일이면서도 무척 무서운 일인데요. 제 경우에는 한 권의 책이라기보다 1990년대 문화연구나 당시 한국 대중문화의 세례를 받았던 책과 잡지들이 어느 정도 영향을 준 것 같아요. 가령 초창기 현실문화연구에서 나왔던 책들, 혹은《씨네21》같은 잡지 등등. 그중 제 인생에 영향을 가장 많이 끼친

편집자들의 취향이 모여서
출판사의 취향이 드러나면 가장 좋겠죠.
출판사를 운영하는 입장에서
제가 할 일은 근사한 취향을 가진
편집자들을 영입하고,
만들고 싶은 책을 만들 수 있는 환경을
최대한 유지해 나가는 거예요.
말처럼 쉽지 않은 일이란 걸 느끼고 있지만,
앞으로도 최대한 노력할 생각입니다.

책이라면 아무래도 앞서 말했던 『디자인 문화비평』이겠죠. 덕분에 결국 지금까지 책을 만들고 있으니까요. 이 책 역시 당시 일었던 문화연구의 자장 안에서 나왔던 책에 속하고요. 하지만 후배 편집자에게 권하고 싶은 책은 아니에요. 더군다나 처음 편집 일을 시작할 때 제가 디자인에 대해 가졌던 일종의 매혹이랄까 환상은 지금 거의 남아 있지 않으니까요. 아마 후배 편집자의 책장에는 이미 그 '단 한 권의 책'이 꽂혀 있을 테니 굳이 권할 필요도 없을 겁니다.

기획할 때, 투고 원고를 검토할 때, 편집 회의를 할 때 가장 중요하게 여기는 것은 무엇인가요? 반대로 피하는 종류는 무엇인가요.

앞서 말한 것처럼 워크룸 프레스는 편집자들이 각자 자신의 취향에 따라 책을 만들기 때문에 편집 회의에서 딱히 의견을 활발하게 주고받거나 새 책에 대한 아이디어를 내는 식으로 책을 기획하지는 않아요. 각자 출간하고 싶은 책을 제안하고, 별다른 반대가 없으면 그냥 진행하면 돼요. 제가 간혹 유보적인 입장을 보일 때도 있지만, 대체적으로 재량껏 책을 기획할 수 있는 분위기입니다. 내부에서 기획한 책이든 투고를 받은 원고든 출간 여부를 판단하는 첫 번째 기준은 '워크룸 프레스에 어울리는 책인가'라는, 상당히 모호한 기준이에요. 그런데 의외로 이 모호한 기준이 상당히 유용해서 판단을 빨리 내릴 수 있어요. 투고 원고의 경우는 그걸 판단하는 데 채 1분도 안 걸리는 경우도 많아요. 이상하게 들릴지 모르지만 투고한 분이 저희가 낸 책들을 한 번이라도 찾아봤는지 의심스러운 경우도 적지 않고, 심지어 워크룸 프레스에 보낸 게 맞는지도 모를 메일이 드물지 않아요. 출판사 이름이 메일에 적혀 있지 않으니 저희로서는 알 수 없죠. 딴 데 보내려던 원고가 저희한테 왔는지. 만약 출판사에 투고를 하고 싶은 분이라면 적어도 왜 이 원고를 당신네 출판사에 보내는지에 대해 상투적인 이유라도, 혹은 출판사 이름이라도 꼭 적어서 보내라고 말씀드리고 싶어요. 출판사들은 대부분 이미 계약되어 있는 책들이 많이 밀려 있어서 웬만큼 매력적이지 않으면 투고 원고가 출간으로 이어지는 경우는 그리 많지 않다는 사실도요. 물론 꼭 내고 싶다는 생각이 드는 원고도 있죠. 대표적인 경우가 신예슬 작가의 『음악의 사물들』이란 책이었는데, 원고를 보자마자 저희 임프린트인 작업실유령에서 나오면 근사하겠다고 생각했어요. 나중에 저자를 만나서 이야기를 나누다 보니 그분도 처음부터 워크룸 프레스를 염두에 두고 있었다고 하더라고요.

레이먼드 카버의 단편집 『사랑을 말할 때 우리가
이야기하는 것』은 편집자 고든 리시가 상당 부분
수정한 걸로 알려졌습니다. 카버가 반대했던 리시의
편집본은 경이적인 판매량을 기록했고, 이후 둘 사이는
멀어졌습니다. 책의 성공 여부를 떠나서 편집자들이
힘들어하는 문제가 작가와의 관계를 조정하는
일일 텐데요. 평소 '작가 관리'는 어떻게 하시나요?

그게 편집자가 뜯어 고친 원고였군요. 편집자 입장에서는
결과가 좋아서 다행이네요. 그렇게 작가와 마찰을 빚고 판
매까지 부진했다면 자괴감이 들지 않겠어요? 그런데 편집
자가 저자에게 수정을 제안할 때는, 그렇게 고쳤을 때 원
고가 더 좋아질 수 있다고 믿기 때문이지 다른 이유는 없
어요. 만약 저자의 생각이 저와 다르면 저는 저자의 의견
을 존중하는 편이에요. 그 책의 저작자는 어디까지나 작가
지 제가 아니니까요. 만약 생각이 너무 다르면 관계는 멀어
질 테고 다시 책을 낼 일도 없겠죠. 그런 의미에서 작가가
관리 대상이라는 것도, 물론 질문의 맥락은 이해하지만 좀
이상한 이야기처럼 들려요. 뭔가 잘 맞지 않는데 관리까지
해가면서 붙잡고 싶은 마음은 없고, 또 반대로 저자도 출판
사가 어떻게 하든 간에 마음에 들지 않는 곳에서 계속 책
을 내고 싶지는 않을 거예요. 편집자와 작가 사이에 자연스

럽게 신뢰가 쌓이고, 그것이 계속 출간으로 이어지는 게 이상적인 관계일 텐데, 아마 저는 김한민 작가가 그런 경우가 아닌가 싶어요. 세미콜론에 있을 때 처음 알게 된 후 지금까지 인연이 이어지면서 워크룸 프레스에서 책을 내고 있는데, 편집자와 작가의 관계를 떠나서 서로의 작업을 믿고 항상 지켜봐주는 관계라고 생각해요.

일본의 북 디자이너이자 일러스트레이터인 요리후지 분페이는 자신이 쓴 책『좋아하는 일을 하고 있다면』에서 '디자이너와 편집자는 책의 제목을 크게 할지 말지에 대한 논의를 반드시 거치게 되고 결국 그 문제는 편집권이 누구에게 있는가 하는 이야기로 확장된다'고 말했습니다. 이처럼 책의 최종 디자인에서도 편집자의 생각은 영향을 미치는데요. 디자이너와 책의 디자인 요소를 조정할 때 어떤 기준으로 개입하시나요? 편집자의 관점에서 좋은 책과 팔리는 책을 양립할 수 있는 디자인은 어떤 것이라고 생각하시나요?

워크룸 프레스는 그 부분에서는 관할 구역이 꽤 분명한 편이에요. 책의 디자인 요소는 디자이너의 관할이니, 결정은 당연히 디자이너가 하죠. 제목과 관련해 말해보자면, 책의 제목은 편집자가 정하는 거고, 그걸 어떻게 책에 집어넣을지는 디자이너 몫이에요. 크게 할지 작게 할지는커녕 제목을 표지에 넣을지 안 넣을지도, 물론 의견은 주고받지만 디자이너가 최종 결정합니다. 보면 알겠지만 워크룸 프레스 책들 중에는 표지에 이미지만 있고 제목은 없는 책들이 꽤 많고, 반대로 제목만 있고 다른 요소는 아무것도 없는 표지도 드물지 않아요. 언뜻 보기에 판매 같은 건 생각도 안 하는 듯 보일 수도 있고, 실제로 그런 이야기를 들은 적도 있어요. 그런데 생각해보면 책이 훨씬 더 많은 기간을 살아가야 할 곳은 그 책을 구입한 독자의 책장이지, 서점이 아니에요. 워크룸 프레스의 책들을 좋아하고 사는 독자들이 바라는 것도 자기 방에 꽂아놓고 싶은 책이라고 생각하고요.

한편 마케터의 관점에서 판매에 도움이 되는 디자인은 분명 있을 테고, 거기에 경험적·객관적으로으로 납득할 만한 이유들도 있을 텐데, 불행인지 다행인지 워크룸 프레스에서 내는 많은 책들은 마케팅에 따라 판매가 극적으로 좌지우지되지는 않는다고 생각하고, 그래서 계속 이렇게 할 수 있는 것인지도 몰라요. 저희 책이 팔리는 주요 판매처가 대형 오프라인 서점 매대도 아니고요. 그런데 생각해보세요. 어떤 디자이너가 판매는 생각도 하지 않고 자기 하고 싶은 대로만 디자인을 하겠어요. 그런 디자이너는 없거나, 적어도 저는 본 적이 없어요. 또 최종 결정을 디자이너가 한다는 건, 듣기 좋을 수도 있지만 그 정도의 책임을 지라는 것이니 오히려 부담도 더할 거예요. 대형 오프라인 서점에서 승부해야 할 책이 워크룸 프레스에서 나온다면 디자이너는 또 그에 맞는 해결책을 찾아낼 거라고 믿어요. 물론 이게 잘 작동하려면 몇 가지 요건이 잘 맞아떨어져야 할 텐데, 그중 첫 번째가 서로의 판단에 대한 신뢰겠지요. 사실 이건 출판을 떠나 워크룸이 처음 생길 때부터 지금까지 유지한 원칙이기도 해요. 아무래도 편집자와 디자이너가 함께 차린 회사이고, 말씀하신 대로 편집 영역과 디자인 영역은 종종 겹치니 애초에 싸울 여지를 최대한 없애자는 거죠. 아무리 내 생각과 다르더라도 서로의 영역에 대한 판단에 군말하지 말 것. 작가와 편집자의 관계처럼 이게 안 맞으면 결국 갈라서는 거고 아니면 그대로 가는 건데, 지금까지는 다행히 잘 굴러가고 있어요.

마지막 부분에서 '좋은 책과 팔리는 책을 양립할 수 있는 디자인'이라는 건 그리 좋은 질문은 아니라고 생각하지만, 답해보자면 저는 디자인이 책의 판매에 끼치는 영향을 무시하지 않지만 그 영향력에는 한계가 있다고 생각해요. 즉 좋은 책이 디자인 때문에 덜 팔릴 수는 있지만, 내용이 뒷받침해주지 않는 책이 디자인 때문에 팔리는 데는 한계가 뚜렷하다고 생각해요. 어떻게 보면 디자이너는 잘해야

본전인 셈이죠. 아무튼 저는 편집과 디자인은 서로 끌어주는 관계이지 양립하거나 개입하는 관계는 아니라고 생각합니다.

> 작가에게 받은 초고를 책으로 만드는 과정에서
> 제목은 언제 정하시나요? 제목을 지을 때 중요하게
> 생각하는 것은 무엇인가요? 자신이 선택한 제목 중
> 가장 마음에 든 책의 제목은 무엇인가요.

그것도 책에 따라 다르죠. 처음 정한 가제가 별다른 고민 없이 끝까지 가기도 하고, 마지막 순간에야 제목을 겨우 정하는 책도 있고요. 다만 고민을 할수록 애매하고 절충적인 제목이 나오는 경우가 많아서 되도록 단순하게 생각하려고 노력해요. 스스로 제목을 짓는 데 재주가 없다고 생각하기 때문에 저자나 역자에게 많이 기대는 편이에요. 제목이 가장 마음에 드는 책은 『능동적 도서』를 고르겠습니다. '새로운 타이포그래피'를 대표하는 타이포그래퍼이자 저술가 얀 치홀트를 다룬 평전인데, 원제[Active Literature]를 의역하자면 '닫힌 가죽 장정'이 아닌 '펼쳐진 책' 정도의 의미예요. 당시 고급 한정판으로 유통되던 책들을 비판하고 대중을 향

책의 디자인 요소는 디자이너의 관할이니,

결정은 당연히 디자이너가 하죠.

디자인이 책의 판매에 끼치는 영향을

절대로 무시하지 않지만

그 영향력에는 한계가 있다고 생각해요.

좋은 책이 디자인 때문에 안 팔릴 수 있지만,

내용이 뒷받침해주지 않는 책이

디자인 때문에 팔리는 데는 한계가 뚜렷해요.

편집과 디자인은 서로 끌어주는 관계이지

양립하거나 개입하는 관계는 아니라고

생각합니다.

해 능동적으로 나아가야 한다는, 얀 치홀트를 비롯한 20세기 초중반을 살았던 아방가르드들이 책에 대해 가졌던 태도를 드러내 보이고 싶어서, 또 그런 능동적인 태도가 현재에도 유효하면 좋겠다는 바람을 담아서 지었던 제목인데, 워크룸 프레스의 대표적인 악성 재고 중 하나죠.

지금 우리 시대는 어떤 '이야기'를 만들어가고 있다고 생각하시나요?

끝에 가서 뚱딴지같은 이야기를 하시는군요. 누가 신경이나 쓰겠어요? 저마다 이야기를 만들기만 하고 듣지는 않는 시대에.

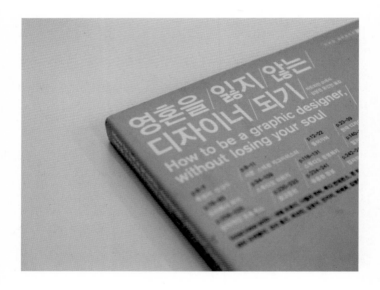

능동적 도서:
안 치홀트와 새로운 타이포그래피

크리스토퍼 버크 지음
박활성 옮김

ACTIVE LITERATURE:
JAN TSCHICHOLD AND NEW TYPOGRAPHY

독자들에게 권하고 싶은
워크룸 프레스 책 다섯 권

몸짓들

빌렘 플루서 지음, 안규철 옮김, 김남시 감수

'몸짓'이라는 인간 특유의 움직임을 통해 세계 속에, 타인과 더불어 살아가는 인간의 존재를 탐구한다. 독창적인 사유를 보여주는 플루서의 글은 물론 번역, 디자인 모두 편집자로서 만족스러운 책이다.

1:1 다이어그램

큐레이터의 도면함

현시원 지음

얼마 전 문을 닫은 전시 공간 '시청각'의 공동디렉터 현시원이 기록한 한국 미술의 현장이 담겨 있다. 언젠가 '2010년대 한국 미술'이라는 제목의 전시가 열린다면, 어쩌면 이 책 자체가 그 전시 도면의 일부 역할을 할 것이다.

기계비평들

전치형·김성은·임태훈·김성원·장병극·
강부원·언메이크 랩 지음

기계와 함께 살아가는 현대인을 위한 안
내서. 인문, 사회과학의 새로운 가능성을
연 이영준의 기념비적 저작 『기계비평』을
10년 만에 재발간하면서, 그 책의 영향을
받은 젊은 연구자들의 글을 모아 함께 펴
냈다.

진실의 색

미술 분야의 다큐멘터리즘

히토 슈타이얼 지음, 안규철 옮김

흔히 현실을 있는 그대로 담는다고 여겨
지는 다큐멘터리 형식에 내재한 고질적
인 불확실성을 다룬다. 지금 우리가 보고
있는 뉴스가 진짜인지, 현실에 충실한지,
사실인지 의심이 든다면 한 번쯤 읽어보
길 권한다.

음악의 사물들

악보, 자동 악기, 음반

신예슬 지음

음악에서 비롯했으나, 음악의 도구에서
벗어나 음악의 가능성을 발견한 사물들
을 다룬다. 구체적으로 작곡가의 악상을
기록하는 악보, 인간의 연주를 대체하는
자동 악기, 소리를 기록하고 재생하는 음
반이 그 주인공이다.

삶과 글이 닮아 있는 책을
만들고 싶습니다

1984Books
신승엽 편집장

인터뷰 —— 윤동희

작가가 무엇을 말하는가,
이야기는 어떤 분위기를 담고 있는가.
책이 나오는 순간까지 고민하고 최선을 다합니다.
이 '마음'을 처음부터 끝까지 유지하려고 합니다.

지금 '그곳'에서 책을 만들기 전까지 어떤 일을
하셨나요? 어디에서 어떻게 출판 이력을 쌓아오셨나요.
편집자가 되고 싶게 만든 특별한 동기가 있었나요?
그 시간 동안 객관적인 관찰자의 눈으로 출판 분야에서
목격했던 가장 중요한 변화는 어떤 것이었나요?

다른 편집자들과는 다른 대답을 할 것 같습니다. 저는 프
랑스에서 사진을 공부했습니다. 다큐멘터리 사진을 공부
하다가 여러 이유로 '이 길이 아니다'라는 결론을 내렸습니
다. 뒤늦은 결정에 오랫동안 해외를 돌아다니며 방황(?)하
다가 2015년 겨울에 귀국했습니다. 사진을 그만두었지만
그동안 찍어온 사진을 어떤 식으로든 정리해야 할 것 같더
라고요. 그렇지 않으면 다음으로 나아갈 수 없을 테니까요.
유학 시절에도 전시보다는 '사진집'에 관심을 두었는데 자
연스럽게 책 제작으로 생각이 흘렀습니다. 그렇다고 이름
없는 저의 사진을 펴낼 출판사를 찾는 것도 쉽지 않았고요.
이것저것 알아보다가 독립 출판을 알게 되었어요. 내가 원
하는 방식으로 직접 제작할 수 있다면 그보다 좋은 '마지막
정리'는 없을 것 같았어요. 하지만 사진만 찍을 줄 알았지
출판이나 인쇄를 알지 못했어요. 혼자서 알아보고 제작하
는 데 1년의 기간이 필요했습니다. 다행히 흑백사진 인쇄
에 노하우가 있는 인쇄소를 찾았어요. 사진집도 생각보다

좋은 반응을 거두었고요.

첫 책을 만드는 일은 지난했지만 만드는 과정에서 즐거움과 보람, 그리고 책으로 '연결'된 사람들과의 만남에 매력을 느꼈습니다. 그 후 한 권 한 권 만들다 보니 여기까지 왔어요. 편집자로 살아야겠다는 특별한 동기는 없었습니다. 다만 '글' 뿐만 아니라 글이 담긴 '책'이라는 형태에 관심 있었어요. 솔직히 제가 이 일을 시작할 줄도, 계속할 줄도 몰랐습니다.

편집자의 (구체적인) 하루가 궁금합니다.

오전에는 팩스, 이메일, 회계 등 사무적인 일을 처리해요. 출간 계획을 다시 정리하고, SNS 홍보 자료를 만듭니다. 오후에는 미팅, 영업 등 외부 일정을 제외하면 노트북을 들고 카페에서 원고를 검토하고 교정·교열을 합니다. 저녁까지 작업하다가 누구에게도 술 마시자는 연락이 오지 않으면 저녁을 먹고 하던 일을 반복합니다. 그러다 원고를 내려놓고 읽고 싶은 또는 저의 부족함을 채워주는 책을 읽습니다. 그렇게 하루를 보내면 '오늘 하루도 열심히 살았구나' 같은 뿌듯함은 아주 가끔 느끼고, 대부분은 '글자 속에서 이렇게

살아도 되나' 하는 어떤 슬픔이 밀려옵니다. 그리고 다음
날 주문량에 따라 천국과 지옥을 오가는 팩스로 아침을 맞
이하죠.

출판 환경이 다변화되는 지금 편집이란 각 출판사 혹은
편집자의 고유한 '제안 능력'이라고 보는데요. 출판사를
운영하며, 편집자로 살아가며 자신만의 편집 원칙이
궁금합니다. 어떤 식으로 한 권의 책을 만들어가시나요.
편집 과정의 가장 중요한 포인트는 무엇이라고
생각하시나요.

이전부터 이쪽 일을 해온 사람도 아니고, 출판사를 운영
한 지 3년이 조금 넘은 저에게 '원칙'이란 단어는 부담스러
워요. 다만 어떤 '마음'은 있습니다. 작가가 무엇을 말하는
가, 이야기는 어떤 분위기를 담고 있는가, 첫인상만으로 독
자에게 그 분위기를 전할 수 있는가…… 책이 나오는 순간
까지 고민하며 최선을 다합니다. 편집 포인트는 이 '마음'
을 처음부터 끝까지 유지하는 게 아닐까요. 만들다 보면 지
치기도 하고 적당히 타협하고 싶은 유혹이 생기지만요. '이
정도면 됐어'라는 순간이 가장 위험하죠.

작가가 무엇을 말하는가,
이야기는 어떤 분위기를 담고 있는가,
첫인상만으로 독자에게 그 분위기를
전할 수 있는가……
책이 나오는 순간까지 고민하며
최선을 다합니다.
편집 포인트는 이 '마음'을
처음부터 끝까지 유지하는 게 아닐까요.
'이 정도면 됐어'라는 순간이
가장 위험하죠.

저자를 섭외하는 특별한 노하우가 있나요.
작가 아니 에르노(Annie Ernaux)를 주목한 이유는
무엇인가요?

신유진 작가를 제외하고 다른 작가들과 작업한 적이 없어서 특별한 '섭외' 노하우는 없습니다. 에이전시를 통해 해외 출판사와 거래하는 일은 작가 섭외와는 다릅니다. 해외 출판사와의 거래에서 가장 중요한 것은 '신뢰'겠죠. 신뢰에 이르기 전까지는 '계약금'이 가장 중요한 문제일 테고요.

한 작품에 담겨 있는 세계만으로도 기쁨을 누리겠지만 한 작가를 이해하는 것은 조금 다른 문제예요. 한 작가를 이해하는 데 한 작품이면 충분할까. 가능할 수도 불가능할 수도 있죠. 불가능할 수 있다는 가능성에서 시작한 것이 아니 에르노의 작품입니다. 국내에도 알려진 『단순한 열정』(문학동네)은 저도 좋아하는 책이에요. 하지만 에르노의 대표작이냐고 묻는다면 조심스럽게 '아니다'라고 대답하고 싶어요. 저에게 에르노의 대표작은 『세월』입니다. 지금까지 에르노가 추구해온 글쓰기(어떤 것도 추구하지 않는 확인된 사실의 글쓰기, 가치 판단을 철저히 없애고 현실에 가장 가까운, 정서를 벗겨낸 글쓰기)의 정점에 서 있는 작품이라고 생각합니다.

에르노를 이해하는 데 하나의 작품이 무엇을 말하는 것인가보다 그녀에게 '글쓰기란 무엇인가'를 묻는 것이 중

요합니다. 있는 그대로의 사실을 솔직하게 적는 태도가 그
녀의 매력이라면, 왜 솔직하게 적어야 하는지, 왜 그런 식
으로밖에 글을 쓸 수 없는지를 묻는 것이죠. 그것은 한 작
품만으로는 판단하기 어려운 문제예요.

에르노의 작품은 이전에도 출간된 적이 있습니다. 더
많은 사람들이 이 질문을 제안하고 알아가기를 원합니다.
다행히 에르노에 대한 관심이 높아진 걸 느껴요. 맨부커 상
후보에 오른 것이 큰 역할을 했지만, 그동안 소개되지 않
은 책이 출간된 것도 영향 있지 않을까요? 앞으로도 1984
Books를 통해 그의 책이 지속적으로 나올 예정입니다.

그동안 만든 책들 가운데 가장 많이 팔린 책 혹은
가장 아끼는 책을 꼽는다면 어떤 책일까요?

가장 많이 팔린 책은 『세월』입니다. 사실 걱정이 많았어요.
프랑스 근현대사를 담고 있는, 어쩌면 역사책처럼 보이는
소설을 사람들이 좋아할까 걱정했어요. 출간 다음 날, 『세
월』이 맨부커 인터내셔널상 후보에 올랐어요. 후보 가운데
번역된 책은 『세월』이 유일했어요. 비록 수상에 이르지는
못했지만 판매에 영향을 준 건 사실이에요.

가장 아끼는 책은 신유진 작가의 『열다섯 번의 낮』과 『열다섯 번의 밤』입니다. 그 책들에서부터 1984Books가 시작했다고 할 수 있어요. 산문집은 제가 먼저 제안했어요. 『낮과 밤』이라는 한 권의 책을 생각했는데, 원고를 읽으며 낮에 어울리는 글과 밤에 어울리는 글이 따로 있다고 생각했어요. 지금까지 3쇄를 찍으며 매 쇄마다 표지 디자인을 바꿀 만큼 애정을 기울이고 있어요. 꾸준히 사랑받는 책이고요.

최근에 다른 출판사에서 출간된 책 가운데 가장
좋았던 책은 무엇입니까? 당신의 서재 혹은 책장을
설명해주시겠어요?

『2019 제10회 젊은 작가상 수상 작품집』(문학동네)에 실린 「넌 쉽게 말했지만」을 읽고 이주란 작가의 팬이 되었어요. 최근 출간된 『한 사람을 위한 마음』(문학동네)이 저에게 '2019년의 책'일 정도로 모든 글이 좋았습니다. 실력을 키워서 언젠가 이주란 작가와 작업하고 싶은 바람을 넘어 '이 사람처럼 글쓰고 싶다'는 생각이 들 정도예요.

책의 물성으로 보자면 『달걀과 닭』(봄날의책)을 처음 보았을 때의 충격이 생생합니다. 표지 앞면에 제목도 적혀 있지 않고, 처음 들어보는 작가 이름이라 생소했고, 비닐로 싸여 있어서 속을 열어볼 수 없었지만 디자인에 사로잡혔습니다. 출판사 '봄날의책'과 번역가 배수아 작가라는 이름도 믿음이 갔고요.

인스타그램, 페이스북 등 SNS 마케팅은 선택이 아닌 필수가 되었습니다. 편집자의 일에 브랜딩과 마케팅이 포함되어가고 있습니다. SNS를 하시나요? 만약 하고 있다면 SNS를 통해 독자와의 커뮤니케이션은 어떻게 하고 있나요? 몸담고 있는 출판사만의 SNS 핵심 스토리텔링은 무엇인가요?

출판사를 운영하기 전에는 SNS를 하지 않았어요. 해야 할 필요성도, 하고 싶은 마음도 들지 않았거든요. 그러나 마땅한 홍보 수단이 여의치 않은 작은 출판사의 필요 때문에 시작하게 되었습니다. 사실 마케팅은 가장 어려운 부분입니다. 1984Books는 광고를 따로 진행하지 않아요. 거의 인스타그램으로 책을 소개하고 독자와 소통하고 있습니다. 출판사 계정이지만 단순히 1984Books 책만 소개하는 건 아니에요. 제가 읽고 좋았던 책을 함께 나누고픈 마음이 있습니다. 좋아하는 구절이나 그것과 연관된 저의 기억을 함께 적어요. 아무래도 인스타그램은 짧은 글과 이미지가 중요하죠. 그래도 근본적으로는 이야기를 나누는 공간이라는 생각에 긴 글을 적기도 합니다. 대형 출판사에 비하면 적은 팔로워이지만 1984Books 인스타그램을 좋게 봐주시는 분들이 계세요. 그럼에도 SNS 홍보에 한계를 느끼기도 합니다. SNS 반응이 책의 판매로 연결되지 않거든요. 오히려 오프라인에 집중하고 싶습니다. 동네 책방과 함께하는 기획, 워크숍, 독자와의 만남을 색다르게 하고 싶어요.

브랜딩을 깊이 고민하지는 않습니다. 1인 출판사는 모든 면에서 편집자의 취향이 묻어나요. 내가 아닌 어떤 것을 일부러 기획하고 만들려 해도 그럴 수 없어요. 필립 퍼키스의 『사진강의 노트』(안목)에 실린 한 문장을 자주 떠올립니다.

"스타일이란 내가 누구이며,
무엇을 해왔는지에 대한 족적이다."
_ 르네 도말

브랜딩을 깊이 고민하지는 않습니다.
1인 출판사는 모든 면에서
편집자의 취향이 묻어나요.
내가 아닌 어떤 것을
일부러 기획하고 만들려 해도
그럴 수 없어요.

『래그타임(Ragtime)』의 작가 E. L. 닥터로는
출판사의 가장 중요한 자산을 편집장들의 '취향'이라고
말했습니다. 편집장들의 '예감'을 대차대조표에다
숫자로 적어 넣기는 쉽지 않다는 건데요. 출판사를
운영하는 입장과 편집자의 입장을 어떻게 유지하고
계시나요.

'이 책은 많이 팔리겠다' 같은 예감은 해본 적이 없어요. 반대로 이 책은 많이 팔리지 않아도 최대한 손해는 보지 않게 만들겠다는 각오만 있습니다. 출간 리스트를 정할 때 저의 취향에 의지합니다. 비록 제 취향이 독자의 욕구에 부응하지 않아도 책을 꾸준히 소개하는 과정에서 독자의 시선을 저에게도 돌리는 방법을 고민합니다. 자신 있다는 말은 아니고요. 애초에 저의 예감을 믿지도 않아요. 잘 팔릴 것 같아도 저의 취향에 맞지 않으면 제대로 만들 자신이 없다는 얘기예요. 지금은 날카로운 예감보다는 취향의 깊이와 폭을 넓이는 데 집중하고 싶습니다.

어떤 책이 당신에게 가장 큰 영향을 주었습니까?
가장 아끼는 후배 편집자에게 단 한 권의 책을 권한다면
어떤 책을 권하시겠습니까?

존 버거의 책들입니다. 그가 말하는 시간과 공간, 세상을
바라보는 '시선'이 '사진가'인 저의 작업과 삶의 방향에 영
향을 끼쳤어요. 물론 편집자에게 권하고 싶은 책은 다른 문
제겠죠. 글쎄요. 책을 권하기보다 자신이 좋아하는 책을 내
용은 물론 그것과 연계된 모든 것을 주의 깊게 바라보라고
권하고 싶어요. 표지 및 내지 디자인, 폰트, 자간과 행간, 종
이의 두께와 질감 등 글과 어울리는 좋은 디자인을 알아보
는 능력이 필요하니까요.

독립 출판, 독립 서점, 언리미티드 에디션 등은 어떻게
바라보시나요? 출판 현장을 기준으로 앞으로의
서점 문화는 어떻게 펼쳐질 것으로 예상하시나요?

첫 책 『아무 말 없이』라는 사진집으로 독립 출판 환경에서
출판사를 시작했지만 독립 출판은 여전히 모르겠어요. 개
인의 다양한 시도가 동네 작은 책방에 소개되는 것은 좋

지만, 저는 '독립'보다는 '출판'에 의미를 두었거든요. 1984 Books 책이 독립 출판물로 불리든 기성 출판물로 불리든 의미를 부여하지 않습니다. 독립 출판, 독립 서점이라는 이름보다 1인 출판, 동네 서점이라는 단어가 와 닿아요.

독서 인구가 감소하는 출판 시장에서 동네 서점의 역할이 크다고 생각합니다. 동네 서점도 1인 출판사처럼 누가 운영하느냐에 따라 색깔이 달라지거든요. 그 특색에 따라 독자도 나뉘고요. 비슷한 취향의 사람들이 모이는 작은 커뮤니티를 활성화시키는 방법을 동네 서점뿐만 아니라 책을 만드는 사람들이 고민해야 합니다.

책이 좋아서 편집자의 일을 하고 계실 텐데요.
언제, 어디서 책 읽는 걸 좋아하세요?

온종일 일하다가 쉴 때면 또 책을 들고 있어요. 책이 좋아서이겠지만 뒤늦게 이 일을 시작한 부족함을 메꾸는 의무감이기도 합니다. 가급적 독서가 숙제로 여겨지지 않도록 환경을 조성하는 편이에요. 집 근처에 24시간 카페가 있어서 밤늦게 카페에서 책을 읽었는데, 얼마 전 이사한 후에는 그날의 일을 끝내고 안락의자에 앉아서 책을 보다 잠이 듭니다.

기획할 때, 투고 원고를 검토할 때, 편집 회의를 할 때 가장 중요하게 여기는 것은 무엇인가요? 반대로 피하는 종류는 무엇인가요.

어떤 책을 기획하고 제작할 때 사람들이 '1984Books답다'라고 생각해주기를 바랍니다. 그러면서도 '도대체 1984 Books다운 게 무엇이냐?'고 묻는다면 딱히 자신은 없습니다. 앞으로도 이런 불분명한 직관에 의지해야 할 것 같아요. 마지막 질문도 마찬가지예요. 저의 믿을 수 없는 예감으로 '이 책은 될 것 같다'는 확신이 들어도 1984Books답지 않은 건 피할 수밖에요.

레이먼드 카버의 단편집 『사랑을 말할 때 우리가
이야기하는 것』은 편집자 고든 리시가 상당 부분
수정한 걸로 알려졌습니다. 카버가 반대했던 리시의
편집본은 경이적인 판매량을 기록했고, 이후 둘 사이는
멀어졌습니다. 책의 성공 여부를 떠나서 편집자들이
힘들어하는 문제가 작가와의 관계를 조정하는
일일 텐데요. 평소 '작가 관리'는 어떻게 하시나요?
어떤 작가에게 끌리시나요. 반대로 생각하고 싶지 않은
작가는 어떤 유형인가요.

국내 작가들과 작업한 경험이 많지 않아서 편집자가 작가
의 글에 어디까지 관여할 수 있는지 저도 궁금합니다. 기본
적으로 독자보다는 작가 입장에서 생각하고 작가를 존중
합니다. 그럼에도 수정이 필요하다고 판단되면 작가도 편
집자의 입장을 존중해주었으면 합니다.

삶과 글이 닮아 있는 작가를 좋아합니다. 매력적인 문
장이나 독특한 아이디어 이전에 어떤 시선을 갖고 있는지
가 중요합니다. 하지만 소통에 어려움이 있다면 작업하기
어렵지 않을까요?

삶과 글이 닮아 있는 작가를 좋아합니다.
매력적인 문장이나 독특한 아이디어 이전에
어떤 시선을 갖고 있는지가 중요합니다.
하지만 소통에 어려움이 있다면
작업하기 어렵지 않을까요?

일본의 북 디자이너이자 일러스트레이터인 요리후지
분페이는 자신이 쓴 책 『좋아하는 일을 하고 있다면』에서
'디자이너와 편집자는 책의 제목을 크게 할지 말지에
대한 논의를 반드시 거치게 되고 결국 그 문제는
편집권이 누구에게 있는가 하는 이야기로 확장된다'고
말했습니다. 이처럼 책의 최종 디자인에서도 편집자의
생각은 영향을 미치는데요. 디자이너와 책의 디자인
요소를 조정할 때 어떤 기준으로 개입하시나요?
편집자의 관점에서 좋은 책과 팔리는 책을 양립할 수
있는 디자인은 어떤 것이라고 생각하시나요?

이 질문에 저는 조금 자유로운 편이에요. 편집과 디자인을
동시에 하니까요. 편집하는 과정에서 늘 디자인을 고민합
니다. 원고를 처음 읽고 떠오른 디자인과 편집을 거친 최종
디자인은 완전히 달라요. 인쇄를 코앞에 두고 표지 디자인
을 엎은 경우도 적지 않습니다.

좋은 디자인이 판매에 영향을 끼치는 건 사실이에요.
하지만 잘 팔리는 디자인이 무엇인가를 고민하지 않아요.
그런 디자인이 좋은 디자인이라고 생각하지도 않고요. 글
의 분위기를 제대로 담아냈느냐가 중요합니다. 분위기를
제대로 담아낼 수 있다면 제목이 없어도 괜찮습니다. 좋은
글을 두고 고민했다면 디자인도 좋을 수밖에 없을 거예요.

작가에게 받은 초고를 책으로 만드는 과정에서
제목은 언제 정하시나요? 제목을 지을 때 중요하게
생각하는 것은 무엇인가요? 자신이 선택한 제목 중
가장 마음에 든 책의 제목은 무엇인가요.

편집 과정에서 작가와 상의하며 정합니다. 원고를 읽다가
제목에 어울리는 문장과 단어가 나타나면 목록을 만들어서
이야기를 나눠요. 서로 의견이 다르면 완전히 다른 제목을
생각합니다. 제목은 판매에 큰 영향을 끼치죠. 해외 도서를
번역 출간하며 원제를 그대로 사용할지, 다른 제목을 정할
지 고민했어요. 『세월』은 '모든 장면들은 사라질 것이다'라
는 첫 문장을 제목으로 삼으면 어떨까 생각했어요. 작가가
고민해서 선택한 제목이라면 그것을 따르는 게 맞지 않나
생각하지만 원제를 그대로 고집할지는 고민 중입니다.

지금 우리 시대는 어떤 '이야기'를 만들어가고 있다고
생각하시나요?

이 시대가 어떤 이야기를 만들어가는가, 이 시대가 원하는
이야기, 이 시대에 필요한 이야기가 무엇인지는 솔직히 모
르겠습니다. 그저 제가 할 수 있는 이야기를 저의 방식으로
잘하고 싶습니다.

LES
QUINZE
NUITS

열다섯 번의 밤

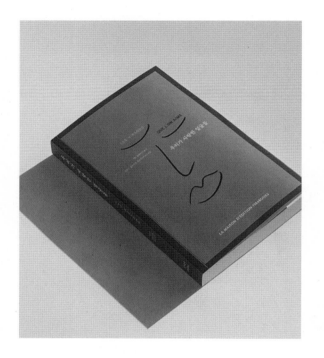

독자들에게 권하고 싶은
1984Books 책 다섯 권

열닷섯 번의 낮
열다섯 번의 밤

신유진 지음

화려한 빛에 가려진, 사라지는 것에 대한 허망함과 아름다움을 잊지 않으려고 제 살에 문신을 새기는 타투이스트가 되어 기록한 낮의 문장과, 밤의 시간과 공간 속 기억을 유령처럼 떠돌다 그것 사이에 다리를 놓는 목수가 되어 기록한 밤의 문장으로 이루어진 산문집.

세월
아니 에르노 지음, 신유진 옮김

아니 에르노의 작품이 작가의 경험과 기억을 바탕으로 개인의 서사를 담았다면 『세월』은 작가의 새로운 문학적 시도가 돋보인다. 작가가 『세월』에 기록한 '삶'은 작가의 기억만이 아니라 다수의 기억을 포함한다. 그것은 개인의 역사이자 동시에 그녀의 세월에 맞물린 다수의 역사다.

진정한 장소
아니 에르노 지음, 신유진 옮김

아니 에르노의 인터뷰집. 작품의 배경이 된 자신의 삶, 그 삶을 바라보는 작가의 시선이 들어 있다. '왜' 그러한 작품이 나왔는지, '왜' 우리는 쓰고 읽고 생각해야 하는지, 그녀가 생각하는 '문학'은 무엇인지…… 그녀의 생생한 목소리를 들을 수 있다.

우리가 사랑한 얼굴들

신유진, Martin Mallet 지음

작가 신유진이 프랑스에서의 삶을 정리하
며 주변 인물을 인터뷰한 책. 아홉 명의 선
명한 목소리와 삶의 얼굴이 그려져 있다.
익숙함에 속아 일상은 평범하다고 착각한
채 살아가는 우리의 생각을 정정해준다.
작고 평범한 삶은 없다고, 모든 삶은 커다
랗고 고유하다고 말이다.

땅을 살리는
퇴비 같은 지식

목수책방
전은정 대표

인터뷰 —— 이은선

종이책이 외면 받는 세상에 어떤 책,
어떤 이야기를 만들어 세상에 내놓아야 하는가가
고민입니다. 땅을 살리는 퇴비처럼 쌓여서
의미 있는 지식, 다른 지식이 커가는 양분이 되는
이야기를 만들고 싶습니다.

지금 '그곳'에서 책을 만들기 전까지
어떤 일을 하셨나요? 어디에서 어떻게
출판 이력을 쌓아오셨나요.

전공을 중간에 바꾸었기 때문에 학교를 좀 길게 다녔습니다. 책을 만들고 싶어서 전공을 바꾸었는데, 졸업할 때가 되니 쓸데없이 가방 끈 길고 나이까지 많은 신입이 들어갈 수 있는 출판사는 없었습니다. 실의에 빠져 있을 때 우연히 창간하는 잡지에 기자를 뽑는다는 광고를 보고 이력서를 냈고, 간신히 뽑혀서 그때부터 고난의 잡지 기자 생활이 시작되었습니다. 지역 타블로이드 신문부터 웹진에 사보까지, 별의별 매체를 전전하며 약 10년 동안 이런저런 잡지를 만들었습니다. 그러면서도 계속 출판에 미련이 있어서, 조금 시간 여유가 있었던 사보기자 시절에 아는 편집자의 추천으로 대필, 윤문, 교정·교열 아르바이트를 하게 되었습니다. 그러다가 자연스럽게 저를 소개한 분이 퇴사하면서 자리가 나서 기적적으로(?) D출판사에 들어갔습니다. 거기서 3년 정도 일을 배우고 독립했습니다.

편집자가 되고 싶게 만든 특별한
동기가 있었나요?

특별한 동기는 없었습니다. 대부분의 편집자들이 그렇겠
지만 저 역시 어렸을 때부터 책을 좋아했고, 책을 만드는
일을 하고 싶다는 생각을 막연하게 품고 있었습니다. 스스
로 작가가 될 만큼 글을 잘 쓰는 것 같지는 않았고, 편집자
가 어떤 일을 하는 사람이라는 것도 잘 모르면서 막연히
'책을 만드는 사람'은 지적이고 멋있는 사람이라고 생각했
던 것 같습니다. 편집의 재미를 최초로 느꼈던 순간은 대학
생 때 학과 소식지와 동아리 소식지를 만들 때였습니다.

그 시간 동안 객관적인 관찰자의 눈으로
출판 분야에서 목격했던 가장 중요한 변화는
어떤 것이었나요?

'찬밥 신세가 된 종이 매체'가 아닐까요. 옛날에는 책에서
지식도 얻고 재미도 얻었는데, 이젠 책 말고도 지식과 재미
를 공급하는 매체가 너무 많아졌습니다. 책을 만들어서 먹
고사는 사람이지만, 책이 요즘 같은 시대에 어떤 역할을 할

수 있는가, 독자는 도대체 책에서 무엇을 원하고 있는가, 라는 질문에 관한 답을 찾기가 무척 어렵습니다. 사람들이 종이책을 외면하자, 예전에는 중요했던 '마케팅'과 '영업'의 개념도 굉장히 바뀐 것 같습니다. 아이러니하게도, 돈을 써도 안 팔리고 안 써도 안 팔리는 시대가 되자, 저희 출판사 같은 1인 출판사들이 많이 출현하게 된 것이 아닌가, 라는 생각도 듭니다.

편집자의 (구체적인) 하루가 궁금합니다.

___

예전에 출판사에서 일할 때는 출근해서 이메일을 확인하고, 이런저런 출판 관련 사이트에 들어가서 눈으로 한 번 훑고, 맡은 책 편집 업무를 퇴근할 때까지 했습니다. 정기적인 편집부 전체 회의와 저자 또는 저자 후보 미팅도 중요한 업무였습니다.

　1인 출판사를 시작한 이후로는 매일 매일이 상황에 따라 매우 다르게 진행됩니다. 아침에 일어나서 11시 정도까지는 주문 팩스 처리와 이메일 업무, 회계 관련 업무(계산서 끊기, 입금하기 등)를 주로 하고, 오후는 그때그때 처리해야 할 제일 중요한 일을 우선적으로 합니다. 출간을 앞둔 책이

책이 어떤 역할을 할 수 있는가,
독자들은 책에서 무엇을 원하고 있는가에 관한
답을 찾기가 무척 어렵습니다.
마케팅과 영업의 개념도 바뀌었습니다.
돈을 써도 안 팔리고
안 써도 안 팔리는 시대가 되자,
1인 출판사들이 출현하게 된 것이 아닐까요.
내 관심사에 맞는, 내가 세상에 선보이고 싶은
책을 내고 싶어서 말이죠.

있으면 주로 교정·교열 작업에 매진하고, 신간이 나오면 홍보 작업에 시간을 많이 할애합니다. 혼자 일하기 때문에 하루 24시간을 내 맘대로 쓸 수 있다는 것은 장점이기도 하고 단점이기도 합니다. 좀 한가할 때는 늦게 출근하기도 하고 집중이 안 될 때는 컴퓨터 전원을 끄고 영화를 보러 나갈 수도 있지만, 나 아니면 아무도 내 일을 대신해주지 않기 때문에 여러 가지 일이 몰릴 때는 심리적으로 꽤 압박감을 느끼기도 합니다. 멀티태스킹에 약한 편이라 일이 많을 때는 포스트잇에 그날 해야 할 일을 순서대로 적어놓고 '미션 클리어' 할 때마다 하나씩 지우곤 합니다.

출판 환경이 다변화되는 지금 편집이란 각 출판사 혹은 편집자의 고유한 '제안 능력'이라고 보는데요. 출판사를 운영하며, 편집자로 살아가며 자신만의 편집 원칙이 궁금합니다. 어떤 식으로 한 권의 책을 만들어가시나요. 편집 과정의 가장 중요한 포인트는 무엇이라고 생각하시나요.

목수책방은 '생태'(식물, 환경, 농사 등)를 주제로 한 책들만 펴내는 출판사로 시작했습니다. 1인 출판의 경우 대부분 독립

한 이유가 '내 관심사에 맞는, 내가 세상에 선보이고 싶은 책'을 내고 싶어서인 경우가 많습니다. 생태 주제는 사실 독자층이 그리 넓지 않습니다만, 무엇보다 제가 관심을 가지고 있는 분야이고, 유행에 크게 영향 받지 않는 주제이며, 앞으로 사회적으로 더 주목받을 수 있는 주제라고 생각해서 이쪽으로 발을 들여놓아도 괜찮겠다고 판단했습니다.

편집 업무는 '어떤 책을 낼 것인가'를 고민하는 것부터 시작된다고 생각합니다. 책을 만드는 사람조차 흥미를 못 느끼고 가치가 없다는 생각이 드는 책이면, 당연히 그 책을 읽어줄 독자는 없을 것입니다. 때문에 가장 오래 고민하는 부분은 이 책이 나에게 흥미로운 주제인가, 생태 주제의 책을 찾는 독자들에게 '의미 있는' 책이 될 수 있을까에 관한 것입니다. 그런데 요즘은 나의 취향보다 이 책이 과연 세상에 필요한가, 어떤 사람이 읽어줄까라는 질문을 던지는 것이 훨씬 중요하다는 사실을 계속 곱씹게 됩니다. 1인 출판사이지만 엄연히 책이라는 상품을 제작해 판매해서 그 이익으로 또 다른 책을 내야 하는 사업이기 때문입니다. '독자 중심으로 생각한다는 것'은 무엇일까. 독자가 원하는 주제를 어떻게 그들의 취향에 맞게 잘 포장할 수 있을까, 그리고 이 과정이 나의 취향이나 신념과 어떻게 조화를 이룰 수 있을 것인가. 그 답을 찾는 일이 현재 편집자로서 나에게 당면한 가장 큰 숙제 같다는 생각이 듭니다.

목수책방의 경우 생태 주제 책 중에서도 내용이 다소 어려운 전문서보다는 조금 더 대중적으로 접근하고 있는 생태책을 펴내려고 합니다. 그래서 책에 들어가는 내용도 중요하지만, 책의 겉모습(표지나 내지 디자인 등)에도 신경을 많이 쓰는 편입니다.

저자를 섭외하는 특별한 노하우가 있나요.
현재 편집자로서 주목하고 있는 작가가 있나요?

그런 노하우가 있다면 진정 알고 싶습니다!(^^;) 역사가 짧은 출판사는 검증 받은 국내 저자를 만나기가 무척 어렵습니다. 또한 생태 분야의 경우 특히나 내용도 유익하고 글발도 있는 좋은 필자를 찾기가 쉽지 않습니다. 이미 검증된 유명한 필자를 섭외하는 건 거의 불가능하니, 열심히 괜찮은 새로운 작가들을 찾는 게 아주 중요합니다. 결국 전문가나 이 분야에 깊은 관심을 가지고 있는 사람들이 모이는 곳에 자꾸 기웃거리면서 얼굴을 내미는 방법밖에는 없는 듯합니다. 그래서 초기에 숲해설가 양성 과정 교육도 받고 관련 단체에 회원 가입도 열심히 했습니다. 또 책을 계속 쌓아가니 관련 분야에 출판사 이름이 알려져서 괜찮은 저자들이 찾아오기도 하고, 추천도 많이 받곤 합니다. 목수책방이 낸 국내 저자의 책 대부분이 관련 업계의 누군가로부터 추천을 받거나 저자들이 먼저 연락을 해온 경우입니다.

2019년 말에는 처음으로 '비생태' 주제 책을 선보였습니다. 스무 종을 넘기고 나니 목수책방의 외연을 좀 확장시켜도 될 것 같다는 생각이 들어 에세이 시리즈를 론칭했습니다. (읽는) 사람, [그리는] 사람, {걷는} 사람, 〈말하는〉 사람, 이렇게 네 개의 시리즈로 구성된 '하는 사람' 시리즈입니다. 읽기의 즐거움과 종이책의 특별함을 알린다는 취지로 기획한 얇고 작은 에세이집입니다. 첫 책으로 10년 넘게 라디오 책 소개 프로그램 작가로 활동하고 있는 강의모 작가의 독서 에세이를 펴냈습니다. 올해는 특히 이 에세이 시리즈의 저자가 될 참신한 작가를 발굴하기 위해 사람도 많이 만나고, 남다른 눈을 가진 젊은 저자를 찾기 위해 힘쓸 생각입니다.

그동안 만든 책들 가운데 가장 많이 팔린 책 혹은
가장 아끼는 책을 꼽는다면 어떤 책일까요?

총 22종 중 많이 팔린 책은 『흙의 학교』와 『식물 이야기 사전』, 그리고 『서울 사는 나무』입니다. 『흙의 학교』는 늘 목수책방 대표 도서로 꼽으며 '좋은 책'이라고 열심히 알리는 책으로 조금씩 천천히 계속 팔리고 있습니다. 『식물 이야기 사전』은 저작권도 없는 아주 오래된 콘텐츠를 역자가 한국 실정에 맞게 편집한 책으로 지금도 계속 나가는, 출판사 입장에서는 아주 효자 책입니다. 이 책을 낼 때는 이런 책을 과연 누가 살까, 사실 조금 걱정했습니다. 하지만 막상 뚜껑을 열어보니 식물에 얽힌 아주 짧은 옛이야기를 묶어놓은 이 '별거 없어 보이는' 책이 오히려 식물에 애정을 가지고 있는 독자들에게 친근하고 쉽게 다가갔습니다. 역시 편집자의 생각과 독자의 생각 사이에는 간극이 존재하는구나, 그걸 좁히기 위해 애써야겠다, 라는 사실을 깨닫게 해준 책입니다.

『서울 사는 나무』는 출간 이후에 단기간에 많이 판매한 책입니다. 이 책은 목수책방의 첫 번째 국내 저자 책이었고, 저자와 함께 해볼 수 있는 갖가지 방법을 고민해 디자인도 실험적으로 해보고, 여러 가지 다양한 홍보도 시도해보았습니다. 특히 초판 한정으로 배포한 삼청공원 나무

편집의 일은 '어떤 책을 낼 것인가'를
고민하는 것부터 시작됩니다.
요즘은 나의 취향보다
이 책이 과연 세상에 필요한가,
어떤 사람이 읽어줄까라는
질문을 던지는 것이 중요합니다.
독자 중심으로 생각한다는 것은 무엇일까.
그것이 나의 취향이나 신념과
어떻게 조화를 이룰까.
그 답을 찾는 일이 편집자의
가장 큰 숙제입니다.

지도를 만드느라 저자가 무척 고생했고, 배우 예수정 선생님의 낭독으로 오디오북을 제작하기도 해서 특별한 기억으로 남는 책입니다. '도시인들이 회복해야 할 생태적인 삶'이 무엇인지를 되새기게 하는 이 책은 무엇보다 목수책방의 지향점을 잘 드러내주고 있어서 의미 있기도 합니다.

> 최근에 다른 출판사에서 출간된 책 가운데 가장
> 좋았던 책은 무엇입니까? 당신의 서재 혹은 책장을
> 설명해주시겠어요?

잡지 기자 시절에는 주로 소설과 인문서를 골라 읽었는데, 생태 분야에 관심을 가진 이후로는 명색이 생태 출판사인데 아직도 너무 모르는 게 많아서 의무감을 가지고 이 분야의 필독서들을 읽으려 애쓰고 있습니다. 2019년에 방송통신대학교 농학과에 편입해 공부도 하고 있어서 책장에 자연과학서가 많이 쌓여가고 있습니다. 최근에 책장에 오래방치되어 있었던 더글러스 애덤스의 『마지막 기회라니?』(흥시)라는 책을 꺼냈다가 순식간에 다 읽어버렸습니다. 이책을 왜 이제 봤을까 싶을 정도로 재미있게 읽었고, 출판업자로 살면서 이런 저자를 꼭 한번 만나보고 싶다는 생각을 했습니다. 절판되었다고 해서 좀 아쉽습니다.

　또 개인적으로 참여하는 독서 모임 덕분에 예전 같으면 고르지 않았을 책들을 가끔 읽게 되어 좋습니다(이미 꽤 평소의 취향과는 다른 책들이 책장에 꽂혀 있습니다). 다른 출판사에서 출간된 책 중 가장 좋았던 책을 한 권 꼽기는 어렵고, '믿고 읽는' 출판사는 있습니다. 그중 하나가 아주 좋은 과학교양서를 많이 출간하는 '에이도스'입니다. 『숲에서 우주를 보다』 『나무의 노래』 『통증 연대기』 같은 책은 언제나 강력 추천 도서에 들어가곤 합니다. '열매하나' '달팽이출판' '시금치' '자연과생태' 등 목수책방과 비슷한 관심사를 가진 작은 출판사의 책과 저와 비슷한 환경에서 고군분투하는 1인 출판사 대표님들의 책을 늘 눈여겨봅니다.

> 인스타그램, 페이스북 등 SNS 마케팅은 선택이 아닌
> 필수가 되었습니다. 편집자의 일에 브랜딩과 마케팅이
> 포함되어가고 있습니다. SNS를 하시나요? 만약
> 하고 있다면 SNS를 통해 독자와의 커뮤니케이션은
> 어떻게 하고 있나요? 몸담고 있는 출판사만의
> SNS 핵심 스토리텔링은 무엇인가요?

작은 출판사는 홍보·마케팅에 돈을 많이 쓸 수 없어서 SNS가 거의 유일한 홍보·마케팅 수단인 것 같습니다. 출판사 공식 페이스북 페이지, 개인 페이스북, 인스타그램, 네이버 포스트를 운영하고 있습니다. 사실 혼자서 운영하는 출판사라 전담 직원이 있는 큰 출판사처럼 효과적으로 SNS 홍보를 하고 있지는 못합니다. 신간이나 특별한 독자 이벤트 소식을 올리는 것을 기본으로, '자연'과 관련한 소소한 일상의 이야기도 올리며 관심 있는 독자들과 연결고리를 만들려고 합니다. 책을 낼 때마다 성격에 맞는 독자 행사를 기획하려고 노력하는데, 〈플라워쇼〉 영화 상영회, 오디오북 출시 기념 낭독회, 서울 골목길 비밀정원 답사 같은 '특별한 콘셉트'의 프로그램이 반응이 좋았습니다. 단순한 저자 강연이 아닌 식물과 동물을 사랑하는 사람들이 흥미를 가질 만한 독특한 행사를 기획하는 것이 또 하나의 숙제입니다. SNS에서 목수책방이 '자연/환경 관련 주제의 좋은 책들

을 계속 내고, 관련 활동을 기획하고 있다'라는 사실을 꾸준히 보여주기 위해 애쓰고 있는데, 독자들이 목수책방 하면 바로 '자연/생태'라는 키워드를 떠올 수 있었으면 합니다.

『래그타임(Ragtime)』의 작가 E. L. 닥터로는 출판사의 가장 중요한 자산을 편집장들의 '취향'이라고 말했습니다. 편집장들의 '예감'을 대차대조표에다 숫자로 적어 넣기는 쉽지 않다는 건데요. 출판사를 운영하는 입장과 편집자의 입장을 어떻게 유지하고 계시나요.

편집자의 취향과 관심사는 어떤 책이 세상에 나오게 하는 데 가장 큰 동력입니다. 책 만드는 사람이 이 이야기는 꼭 널리 알리고 싶다, 라는 욕망이 없다면 그렇지 않아도 주목받지 못하는 책이 더 주목받지 못할 것입니다. 물론 편집자의 취향이 독자의 욕구와 늘 맞아떨어지는 것은 아니기에, 결과가 처참하게 나올 때도 종종 있습니다. 하지만 개인적으로는 편집자가 애정을 쏟아 넣기 어려운 책은 좋은 결과물로 이어지기 어려운 것 같습니다. 이러이러한 책이 많이 팔렸다고 해서, 그 비슷한 다른 책을 기획한다고 해서 잘된다는 보장도 없고요.

사실 1인 출판사의 경우 큰 출판사와 달리 편집장 취향을 고려하면서 기획할 필요가 없어 좋습니다. 하지만 내 취향이 출판 시장에서도 먹힐지 냉철하게 판단해줄 동료나 상사가 없어서 실수할 확률도 큽니다. 개인적으로는 출간 결정 이후에는 구체적인 편집 업무를 할 때 다른 사람들에게 조언을 구하지 않는 편인데, 출간을 결정하기 전에는 여기저기 많이 물어보는 편입니다. 결과가 어떻든 편집자가 자신의 감과 취향을 믿고 애정을 쏟아 책을 만드는 건 책의 질에 큰 영향을 미친다고 생각합니다.

2019년 말에 김인수 선생님의 『서울 골목길 비밀정원』이라는 책을 냈는데, 도시의 골목길을 푸르게 만드는 동네 정원사들이 하는 일의 의미와 가치를 되짚는 책입니다. 이 책은 저자가 원고를 들고 처음 왔을 때부터 '취향 저격' 주제였고, 편집하는 동안 저자가 보여준 태도도 굉장히 훌륭했습니다. 디자이너도 다른 책에 비해 작업할 때 '작업이 재미있다'라는 말을 많이 해주었던 책으로, 출간됐을 때 굉장히 완성도와 만족도가 높았습니다.

결과가 어떻든 편집자는 자신의 감과
취향을 믿고 애정을 쏟아야 합니다.
좋은 작가는 매력적이고 좋은 글을
생산해낼 수 있는 능력이 있는 사람입니다.
편집자의 의견을 유연하게 받아들이는
사람이라면 금상첨화입니다.
글이 조금 부족해도 고치는 것에
거부 반응이 없고,
약속을 잘 지켜주는 성실한 필자와
일하고 싶습니다.
제일 최악은 편집자를 아랫사람처럼
대하는 사람입니다.

어떤 책이 당신에게 가장 큰 영향을 주었습니까?

가장 아끼는 후배 편집자에게 단 한 권의 책을 권한다면 어떤 책을 권하시겠습니까?

___

단 한 권의 책을 꼽는 건 어렵습니다. 그때그때 내 상황에 맞게 '나한테 걸어오는 책'이 있으니까요. 그래도 그동안 주변 사람들에게 많이 선물한 책 몇 권은 있습니다. 그중 대표적인 책이 '좋은 글은 좋은 생각'이라는 진리를 알려주는 신영복 선생님의 『나무야 나무야』(돌베개), 그리고 커트 보니것의 『나라 없는 사람』(문학동네)입니다. 가끔 예전에 줄친 부분을 다시 읽곤 하는데, 읽을 때마다 감동을 받습니다.

생태 출판사를 운영한 이후에는 니시오카 쓰네카즈의 『나무에게 배운다』(상추쌈)와 미야자와 겐지의 그림책 『비에도 지지 않고』(그림책공작소), 프랑수아 플라스의 『마지막 거인』(디자인하우스)을 많이 선물했습니다.

독립 출판, 독립 서점, 언리미티드 에디션 등은
어떻게 바라보시나요? 출판 현장을 기준으로 앞으로의
서점 문화는 어떻게 펼쳐질 것으로 예상하시나요?

'종 다양성'은 생태계가 얼마나 건강한지를 가늠할 수 있는 척도입니다. 출판계도 마찬가지여서 다양한 콘텐츠가 나오지 않는 출판계의 미래는 암울할 것입니다. 그런 면에서는 독립 출판이나 독립 서점은 해야 할 역할이 있어 보입니다. 특히 독서 인구도 계속 줄고 있고, 완전도서정가제가 시행되고 있지 않은 현실에서 작은 동네 서점은 한계가 많지만, 개념 있는 큐레이션이 독서 인구 증가에 긍정적인 영향을 미칠 수 있다고 생각합니다. 특히 작은 서점은 동네 커뮤니티와 직접적으로 연결되었을 때만 지속가능성이 높아질 것입니다. 그래서 쉽지는 않지만 작은 서점이 책을 파는 곳이 아니라 책을 매개로 '관계'를 만드는 곳이 될 수 있다면 잠재력이 있다고 생각합니다.

목수책방 같은 작은 출판사의 경우, 신간이 일주일도 안 되어 대형 서점 매대에서 사라지곤 하는데, 작은 서점의 경우 노출만 잘 되면 의외로 선전할 수도 있어서(『식물 이야기 사전』은 작은 책방에서 꽤 많이 팔린 책입니다) 서점지기가 잘 운영하는 작은 서점들과는 좋은 관계를 유지하기 위해 노력하고 있습니다.

앞으로의 서점은 솔직히 좋은 그림이 떠오르지는 않습니다. 읽는 사람이 줄어드니 다양한 책이 나오기도 어렵고 당연히 서점도 줄어듭니다. 서점들은 이제 책만 팔아서는 먹고살기 어려워지고 있어서 사람들은 조만간 '고를 책이 없는 서점'이 나타날 것이라고 말하기도 합니다. 출판계도, 서점도 종이책 이후의 세상을 심각하게 고민해야 할 시점이 온 것 같습니다. 아마도 근 미래의 서점은 우리가 현재로서는 상상하기 어려운 형태로 변하지 않을까요. 전혀 예측을 못하겠지만, 서점이 계속 존재하려면 책을 매개로 사람과 사람은 물론 뭔가 실질적인 '연결'이 이루어지는 공간이 되어야 하지 않을까 생각합니다.

책이 좋아서 편집자의 일을 하고 계실 텐데요.
언제, 어디서 책 읽는 걸 좋아하세요?

쉬러 떠난 여행지 어딘가 자연광이 들어오는 곳, 자기 전 침대에서 책 읽는 걸 좋아합니다. 이런 곳에서는 주로 머리를 식힐 수 있는 소설을 읽습니다. 내용을 정독해야 하는 책들은 주로 책상에서 각 잡고 앉아 많이 읽습니다.

> 기획할 때, 투고 원고를 검토할 때, 편집 회의를 할 때
> 가장 중요하게 여기는 것은 무엇인가요? 반대로
> 피하는 종류는 무엇인가요.

당연히 출판사의 지향점과 맞는지, 출판사의 결과 맞는지를 보는 것이라고 생각합니다. 이 책이 나왔을 때 사람들이 '목수책방다운 책'이라고 말해줄 수 있는 책인지 아닌지를 생각해보는 것이 중요한 것 같습니다. 그다음에는 가뜩이나 독자들에게 발견되기 어려운 힘든 상황인데, 이 책을 어떤 사람들이 있는 곳에서 '드러나게' 만들 것인지를 고민해야 할 것 같습니다. 국내 저자인 경우, 글을 읽었을 때나 직접 만나보았을 때 받는 (본능적인) 느낌도 중요합니다. 계속 커뮤니케이션하면서 책 꼴을 멋지게 만들어나가야 하는데, 뭔가 잘 통하지 않는다는 생각이 들면 콘셉트가 좋고 내용이 괜찮아도 피하고 싶어집니다.

레이먼드 카버의 단편집 『사랑을 말할 때 우리가 이야기하는 것』은 편집자 고든 리시가 상당 부분 수정한 걸로 알려졌습니다. 카버가 반대했던 리시의 편집본은 경이적인 판매량을 기록했고, 이후 둘 사이는 멀어졌습니다. 책의 성공 여부를 떠나서 편집자들이 힘들어하는 문제가 작가와의 관계를 조정하는 일일 텐데요. 평소 '작가 관리'는 어떻게 하시나요? 어떤 작가에게 끌리시나요. 반대로 생각하고 싶지 않은 작가는 어떤 유형인가요.

좋은 작가란 당연히 매력적이고 좋은 글을 생산해낼 수 있는 능력이 있는 사람입니다. 글을 봤을 때 작가의 개성이 느껴지고 그만의 생각이 멋있어 반하게 되면 당연히 확 끌리게 되지요. 작가란 자신의 글로 존재 가치를 증명해야 하는 사람들이니까요. 이런 능력이 있는데 편집자가 이런저런 의견을 냈을 때 유연하게 받아들일 수 있는 마인드의 사람이라면 금상첨화입니다. 개인적으로는 글이 조금 부족해도 고치는 것에 거부 반응이 없고, 약속을 잘 지켜주는 성실한 필자라는 판단이 들 경우 계약과 출판까지 갈 가능성이 커집니다. 최악의 유형이라면 '너는 내가 시키는 것만 해'라는 식으로 편집자를 아랫사람처럼 대하는 사람입니다.

모든 사람이 자기만의 콘텐츠를
끊임없이 쏟아내는 시대,
'글을 쓴다는 것'의 '특별함'이 사라졌습니다.
특별한 스토리텔링이 중요한 시대인데도
금세 증발해버립니다.
종이책이 외면 받는 세상에
어떤 책, 어떤 이야기를 만들어
세상에 내놓아야 하는가가 고민입니다.
땅을 살리는 퇴비처럼 쌓여서 의미 있는 지식,
다른 지식이 커가는 양분이 되는
이야기를 만들고 싶습니다.

일본의 북 디자이너이자 일러스트레이터인 요리후지 분페이는 자신이 쓴 책『좋아하는 일을 하고 있다면』에서 '디자이너와 편집자는 책의 제목을 크게 할지 말지에 대한 논의를 반드시 거치게 되고 결국 그 문제는 편집권이 누구에게 있는가 하는 이야기로 확장된다'고 말했습니다. 이처럼 책의 최종 디자인에서도 편집자의 생각은 영향을 미치는데요. 디자이너와 책의 디자인 요소를 조정할 때 어떤 기준으로 개입하시나요? 편집자의 관점에서 좋은 책과 팔리는 책을 양립할 수 있는 디자인은 어떤 것이라고 생각하시나요?

목수책방은 22종(2020년 2월 현재)의 책을 내면서 4종을 제외하면 전부 한 명의 디자이너와 작업했습니다. 그 디자이너의 작업이 개인적으로 마음에 들어서 계속 함께 작업하고 있는데, 이렇게 한 명의 디자이너와 많은 작업을 하게 되면 목수책방 책 특유의 분위기가 생겨서 좋은 점이 있다고 생각합니다(유유출판사의 책도 한 명의 디자이너가 대부분 디자인하기 때문에 딱 보면 유유의 책인지 알 수 있습니다). 내지와 표지 모두 최종적으로 결정하는 사람은 대표이지만, 어느 정도 신뢰를 쌓은 관계의 디자이너와 일하기 때문에 기본적으로는 디자이너에게 책의 콘셉트를 잘 이해시키고, 이후 구체적인 디자인은 디자이너에게 거의 맡기는 편입니

다. 여러 개의 시안이 나오면 디자이너에게 가장 맘에 드는 게 어떤 것인지를 묻고, 왜 그렇게 디자인했는지, 왜 마음에 드는지를 묻습니다. 디자이너의 의견에 공감한다면 디자이너의 1안을 최종 선택하곤 합니다. 대부분은 그 1안에서 제가 수정 의견을 내서 베리에이션하는 쪽으로 진행했습니다. 요즘은 책도 다른 상품처럼 외양이 '갖고 싶다'라는 마음을 불러일으켜야 해서 디자인에 많은 공을 들이는 편입니다. 여전히 책의 제목과 그에 어울리는 표지 디자인은 책 판매에 지대한 영향을 미친다고 생각합니다. 좋은 표지 디자인은 역시 제목과의 궁합, 새로움인 것 같습니다.

작가에게 받은 초고를 책으로 만드는 과정에서 제목은 언제 정하시나요? 제목을 지을 때 중요하게 생각하는 것은 무엇인가요? 자신이 선택한 제목 중 가장 마음에 든 책의 제목은 무엇인가요.

책마다 조금 다릅니다. 콘셉트가 아주 명확한 책은 처음부터 마음속에 떠오른 제목이 끝까지 가기도 하고요, 마지막까지 좋은 아이디어가 나오지 않아서 애를 먹는 경우도 있습니다. 개인적으로는 번역서의 경우 원제의 느낌을 살리려고 노력하는 편입니다(원제 그대로 가는 경우도 꽤 있습니다. 『흙의 학교』나 『과학 이전의 마음』『거룩한 똥』의 경우가 그렇습니다). 국내서인 경우 저자의 의견을 존중하되, 여러 가지 의견을 내서 이야기를 많이 나누면서 수정하는 편입니다. 요즘은 추세가 자연과학서도 에세이 같은 느낌을 주는(말랑말랑한 느낌이 나는), 딱 봤을 때 무슨 이야기를 하는 책인가 호기심을 불러일으키는 제목이 주목받는 것 같습니다. 개인적으로 장세이 작가가 처음부터 마음에 두고 있다가 최종 제목이 된 『서울 사는 나무』를 가장 잘 지은 제목으로 꼽고, 『과학 이전의 마음』의 경우 원제의 느낌에 반해 꼼꼼하게 내용 검토도 하지 않은 상태에서 계약을 했는데, 내용까지 좋아서 애정이 가는 제목입니다.

지금 우리 시대는 어떤 '이야기'를 만들어가고 있다고
생각하시나요?

예전에는 글을 쓰는 사람은 아주 특별한 능력을 소유한 사
람 취급을 받았는데, 지금은 모든 사람이 자기만의 콘텐츠
를 끊임없이 쏟아내는 시대라 '글을 쓴다는 것'에 들어 있
는 '특별함'이 많이 사라진 느낌입니다. 가끔은 그 옛날처럼
새롭고 특별한 글을 만났을 때 느끼는 기쁨과 놀라움을 느
껴보고 싶다는 생각을 합니다. 특별한 스토리텔링이 중요
한 시대가 도래했음에도 뭔가 그 이야기들이 휘발성이 너
무 강해 남아 있지 않고 빨리 증발해버린다는 느낌도 많이
받습니다. 종이책이 점점 외면 받는 세상이 와버렸는데, 나
는 도대체 어떤 책, 어떤 이야기를 만들어 세상에 내놓아야
하는가가 점점 큰 고민거리가 되고 있습니다. 땅을 살리는
퇴비처럼 쌓여서 의미 있는 지식이 되고, 다른 지식이 커갈
수 있는 양분이 될 이야기를 만들 수 있으면 얼마나 좋을
까, 생각합니다. 그런 지식이 담기는 그릇이 꼭 종이가 아
니라 해도 말이죠.

166

독자들에게 권하고 싶은

목수책방 책 다섯 권

홀로 서지 않기로 했다
지속가능한 삶을 위해 세계 일주
조수희 지음

'지속가능한 삶'을 테마로 1년 동안 세계 일주를 하며 다양한 생태공동체를 경험하고 '다르게 살아도 행복한 사람들'을 만난 한 청년의 여행기. 그 시도 자체에 큰 박수를 쳐주고 싶었던 책이다. 책을 읽고 나면 '변화'를 위해서는 거창한 생각보다 하찮게 보여도 작은 실천이 더 중요하다는 너무나 당연한 진리를 깨닫게 된다.

나무, 이야기로 피어
손남숙 지음, 장서윤 그림

책의 저자는 우포늪 곁에서 온갖 생명들의 삶을 애정 어린 눈으로 바라보고 글과 사진에 담는 일을 하고 있는 시인이다. 이 책은 눈만 돌리면 볼 수 있는 우리 주변의 흔한 나무들과 그 나무에 깃들여 사는 수많은 생명의 이야기를 들려주며 나무에 몸과 마음을 기대어 살아온 우리 삶의 삶을, 나의 일상을 들여다보게 한다.

서울 화양연화
김민철 지음

식물과 친해지고 싶고 더 알고 싶은데 방법을 모르는 '식물 초보자'들에게 추천하고 싶은 책이다. 서울과 근교에서 흔히 볼 수 있는 식물에 관한 흥미로운 이야기들이 담겨 있는데, 문학, 영화, 미술 등에 등장하는 식물을 등장시키고 있어 쉽고 재미있게 식물 이야기를 접할 수 있다. 2019 세종도서 교양부문 선정작.

살아 있는 한, 누구에게나 인생은 열린 결말입니다
강의모의 책 읽기 책 일기

강의모 지음

10년 넘게 라디오 독서 프로그램의 작가로 일해 온 저자가 '책 읽기'를 주제로 쓴 글을 모아 엮은 책이다. 그동안 책을 매개로 만난 수많은 사람들의 이야기, 그리고 책과 함께한 지난 시간 속에서 건져 올린 작가의 소중한 경험들을 만날 수 있다. 연결하고 확장시키며 창조하는 독서의 힘과 책 읽기가 선사하는 기쁨을 되새기게 하는 글이다.

서울 골목길 비밀정원

동네 동산바치들이 만든 소박한 정원 이야기

김인수 지음

화려하지만 금세 방치되어 망가지는 1회성 전시형 정원이 아닌 오직 자연과 식물을 사랑하는 마음으로 자발적으로 만들어지고 유지되는 동네 동산바치들의 소박하고 우아한 정원이 이 책의 주인공이다. 서울을 숨 쉬게 하며 식물을 매개로 사람들을 이어 주는 소시민들의 생활밀착형 정원이야말로 '살아 있는' 정원임을 이 책은 보여준다.

부록 1

윤동희
북노마드 대표

이종불규칙의 규칙,
편집의 일

편
집
전

책을 만든다. 메일과 카카오톡으로 의견을 나눈 작가의 원고가 들어온다. 한글 또는 워드 파일이 열리는지 확인한다. 파일이 첨부되어 있는지, 누락되거나 손상된 부분은 없는지 확인한다. 원고를 확인하지 않고 '잘 받았습니다' 메일을 드렸다가 첨부 파일이 열리지 않은 적이 있다. 망신이다.

글의 상태를 살핀다. 기획 의도에 맞게 쓰였는지, 목차가 지켜졌는지 확인한다. 번역서는 번역 상태를 살핀다. 감사 인사를 드린다. 그동안의 수고를 전한다. 원고에 대한 소감을 적는다. 무작정 '좋아요'는 금물이다. 감사의 마음과 구체적인 피드백을 섞는다. 대강의 편집 일정을 알린다. 느슨하지만, 약속이다.

노트북 '작업 중' 폴더에 저장한다. 작가의 원본 원고에 날짜를 적는다. 그것을 복사해 '1교 원고'를 만든다. 번역서는 원고 매수를 기록한다. 편집자는 최초 독자다. 원고와 저자에 대한 겸손함으로 글을 읽는다. 내가 모르는 것에 섣불리 빨간 펜을 갖다 대지 않는다. 편집 후 이 책의 느낌은 어떻게 될 것인가, 독자에게 어떤 책이 될 것인가를 생각한다. 편집자와 소통하고 디자이너와 소통하고 제작처와 소통한다. 저자와 소통하고 독자와 소통한다. 모든 편집 과정을 메모한다.

오자를 잡는다. 편집의 기본이다. 논리적 모순은 없는지 점검한다. 조심스럽지만, 저자를 믿지 않는다. 저자의 원고에 나오는 '사실'은 모두 의심한다. 검색하고 확인한다. 표준국어대사전, 다음국어사전, 네이버 통합검색, 브리태니커백과사전, 위키피디아, 구글 검색을 활용한다. 저자에게 묻는다. 계속 묻는다. 세상에서 가장 어려운 것이 언어다. 아 다르고 어 다르다.

1차 교정은 노트북으로 한다. 내용을 파악한다. 본문 구성을 그대로 갈지, 수정할지를 결정한다. 내용을 파악하면 누가 디자인하면 좋을지 알게 된다. 이 책은 이래서 이 디자이너에게, 저 책은 저래서 저 디자이너에게. 디자이너마다 관점과 스타일과 취향이 다르다. 좋은 디자인은 좋아하는 장르와 형식과 내용을 디자인할 때 나온다. 디자인의 시작이다.

시안 작업에 들어간다. 판형은 내가 제안하기도 하고, 내용을 파악한 디자이너가 정하기도 한다. 128×188(사륙판), 140×210, 145×210, 153×224(신국판) 등 기본 판형부터 변형 판형을 고민한다. 대체로 북노마드 판형은 변형 판형이다. 105×170, 110×183, 110×180, 111×184, 115×180, 118×210, 125×188, 128×187, 128×190, 188×125를 오간다. 타이포그래피, 행간, 자간 등 모든 과정을 협력 디자이너에게 믿고 맡긴다.

편
집
중

2교부터는 협력 편집자의 몫이다. 발행인, 편집인으로서 나의 의견을 전한다. 그리고 전적으로 맡긴다. 출간 일정을 정한다. 협력 편집자의 일정을 고려한다. 시안 결과가 나오면 편집자, 디자이너와 소통한다. 일하는 사람들의 의견을 먼저 정리하고 저자에게 설명한다. 저자의 의견을 반영한다.

표지가 중요하다. 제목이 중요하다. 제목을 구체적으로 돕는 부제와 카피를 고민한다. 협력 편집자는 2교, 3교,

OK교를 본다. 디자인이 완성된다. 번역서는 에이전시에서 받은 계약서를 숙지한다. 국립중앙도서관문헌정보센터(http://seoji.nl.go.kr/index.do)에서 ISBN(국제 표준 도서 번호, International Standard Book Number)과 CIP(Cataloging in Publication)를 신청한다.

제작 단계다. 초판은 1,500-2,000부를 찍는다. 그 이상 찍으면 축복이다. 좋은 일이다. 디자이너와 상의해 표지, 본문 종이를 결정한다. 인쇄 색상, 부속 장치, 인쇄 도수를 확인한다. 후가공 여부를 정한다. 책의 사이즈를 확인한다. 별색을 쓰면 별색 번호를 기입한다. 인쇄소 관계자에게 제작단가 산출을 의뢰한다. 해외 도서는 저작권 선인세, 번역료를 더한다. 저작권 선인세는 원화 입금 금액을 확인한다. 달러, 유로, 엔화 금액으로 책정되어서 환율 변동을 고려한다. 외주 편집비, 외주 디자인비를 명기한다.

책의 가격을 정한다. 순수 제작단가, 즉 물질적 비용이 20-25퍼센트를 넘지 않는 게 좋다. 여기에 저자 인세(10%) 등을 포함한 총 제작단가는 40퍼센트를 넘지 않아야 한다. 출판계의 상식이다. 제작비 비율을 정확히 산정하는 곳도 있고, 소비자 정서 등을 고려해 조율하는 곳도 있다. 비슷한 책이 어떤 가격대에 유통되는지 참고하는 것도 좋다.

제작발주서를 인쇄소에 보낸다. 최종 수정, 최종 확인 후 데이터(pdf)를 출력한다. 앞 페이지의 끝말과 다음 페이지의 첫말이 연결되는가를 살핀다. 쪽 번호, 주석, 사진 설명을 확인한다. 인쇄소 웹하드에 최종 파일을 올리면 인쇄소 담당자가 '전환용' 또는 '검판용' 파일을 올린다. 마지막으로 확인한다. 끝!

인쇄 일정을 잡는다. 인쇄 감리는 직접 간다. 디자이너가 강조한 내용을 인쇄 관계자에게 전달한다. 가제본을 만들어 기준으로 삼거나 맥북에 파일을 담아서 참조한다. 감리의 핵심은 인쇄 농도다. 잉크가 마르는 것을 염두에 두고 '조금 진하게'를 기준으로 삼는다. 본문 먹의 농도는 최대한 끌어올린다. 행간이나 여백에 잡티가 있는지 확인한다.

인쇄를 마치면 다음 날 혹은 며칠 후 인쇄소에서 시쇄본을 보내온다. 마무리가 중요하다. 제본 직전 마지막 단계다. 이때 어그러지는 경우가 있다. 있어서는 안 되지만 꼭 있다. 제본 직전에 발견하면 다행이다. 제본 후 문제가 발생하면 술자리 무용담으로 떠돈다. 나 때는 말야~ 출판계 '라떼'가 된다. 최종 확인 후 제본한다. 북노마드는 책을 비닐로 포장한다. 본사 출고용(일반적으로 100부)을 제외한 부수를 랩핑 제작처에 보내고, 그곳에서 물류창고에 입고한다. 진짜 끝!

보도자료(신간 안내문)를 쓴다. 미리 써야지, 다짐하지만 늘 마지막에 쓰게 된다. 신기하다. 협력 편집자가 쓰면 별도로 고료를 지급한다. 보도자료당 10만 원. 간략한 소개, 심층 소개, 본문 발췌, 추천사, 저자 소개 순서로 적는다. 홈페이지를 관리하는 협력자에게 표지, 본문 이미지, 카피를 보내 도서 소개 영상을 제작한다. 온라인 서점에 신간 등록을 요청한다. 표지 평면 이미지, 보도자료를 첨부한다. 메일에 ISBN 등 핵심 정보를 잊지 않는다. 동영상은 첨부하지 않는다. 유튜브에 올리고 주소를 명기한다. 전자책은 전자책 협동조합 롤링다이스와 계약을 맺었다. 제작에 필요한 파일을 메일로 발송한다. 제작, 유통, 정산이 일사천리로 진행된다.

책이 들어온다. 물류창고에 입고된 부수와 본사 입고 부수를 전산 프로그램에 입력한다. 1인 출판사를 운영하는 나는 본사 출고용 100부를 파주출판도시에 있는 인쇄소에 가서 직접 수령한다. 책 상태를 확인하고, 곧바로 파주출판도시에 있는 교보문고 본사, 도매 서점(북센, 북플러스)을 찾아간다. 다음 날 알라딘, 예스24, 한국출판협동조합을 방문한다. 각 담당자들과 조율해 신간 입고 부수를 정한다. 얼마 전까지만 해도 신간 배본 부수만으로도 제작비를 충당했는데 지금은 그렇지 않다. 시장이 작은 책은 만드는 즉시 적자다.

언론사에 책을 보낸다. 북피알이나 여산통신에 언론사 리스트, 보도자료, 도서관 납본의뢰서를 올린다. 책의 성격에 따라 언론사 리스트는 달라진다. 홈페이지에 도서를 등록한다. 인스타그램, 페이스북 등 SNS에 알린다. 저자, 옮긴이, 협력 편집자, 협력 디자이너, 홈페이지 관리자에게 책을 보낸다. 저자 증정은 일반적으로 20부다. 저자 구입은 정가의 70퍼센트다. 인세와 번역료를 정산한다. 발행부수×도서 가격×10%가 인세다. 15,000원 책을 1,500부 발행하면 225만 원이다. 번역료는 원고지 매당 기준에 맞춘다. 출간 전 계약금을 보내는 경우가 대부분이어서 해당 금액을 공제한다. 사업소득세, 지방세 공제 후 저자와 옮긴이에게 송금한다.

중쇄는 기쁨이다. 베스트셀러는 당연히 일정도 빠르고 부수도 많다. 그렇지 않은 책은 중쇄 1000부나 500부를 찍는다. 3개월 평균 판매 기록을 확인하는 게 좋다. 저자와 옮긴이에게 중쇄 사실을 알린다. 편집부 확인, 저자나 옮긴이 요청, 독자 요청에 따른 수정 사항을 확인한다. 필수다. 1쇄 때 실수를 만회할 기회다. 표지 디자인을 바꾸는 경우도 있다. '리커버리'라고 한다. 중쇄 날짜를 새긴 새 판권과 수정 사항을 인쇄소 웹하드에 올린다. 중쇄 도서를 받으면 수정이 잘 되어 있는지 확인한다.

어떤 책은 기획 단계를 떠돌고, 어떤 책은 저자와 계약을 맺는다. 어떤 책은 저자가 원고를 집필하고 어떤 책은 원고가 막 들어온다. 저자가 원고 약속을 지키지 못한 책도 있고 완성했어도 편집자가 볼 때는 미완성인 경우도 있다. 어떤 책은 한창 교정 중이고, 어떤 책은 제작에 들어간다. 어떤 책은 제작을 마쳐 신간 홍보를 시작하고 어떤 책은 중쇄를 거듭해 여전히 관심을 기울인다. 모든 과정이 이종불규칙으로 흐르는 일, 그것이 편집이다.

부록 2

윤동희
북노마드 대표

편집, 인간의 역사

출판 환경은 계속 변화한다. 임프린트, 분사, 1인 출판 등이
보편화되면서 '기업가로서의 편집자'라는 새로운 역할이
부과되었다. 기술이 거의 모든 것을 바꿔놓으면서 인쇄물
과 온라인을 합친 하이브리드 출판과 월정액 독서앱이 출
현했다. 동시에 활판인쇄, 실크스크린, 리소그라프처럼 수
작업 기술에 주목하는 편집/디자인 스튜디오가 '힙(hip)'해
졌다. 그곳에서는 자연스럽게 '제작(production)'의 개념이
중요하다. '후작업(postproduction)'을 이야기하는 이들도 있
다. 오래된 출판과 새로운 출판 사이의 간극. 한쪽은 성장
을 추구하고, 한쪽은 그것을 비판적으로 바라보는 방식의
혼재. 그것이 지금-여기 출판 환경이다.

이러한 시대의 흐름 속에서 출판과 편집은 어떻게 변화할까. 지금의 출판 환경이 여전히 보편적이겠지만, 그 틈새 사이로 출판과 편집의 '원점'으로 회귀하는 움직임이 엿보인다. 편집, 디자인, 마케팅, 브랜딩, 제작을 구분하는 방식에서 하나로 합치는 모습. 편집하는 데 그치지 않고 출판의 모든 영역에 관여/참여하는 1인 비즈니스로서의 출판이 그것이다.

편집에 대한 정의는 다양하다. 대표적인 것은 마츠오카 세이고의 생각이다. 사진가, 디자이너, 건축가, 미술가, 무용가들과 교류하며 전시회, 심포지엄, 다큐멘터리, 박물관을 '편집'했던 그는 『지식의 편집』에서 편집의 영역을 신문, 잡지, 영상 편집자가 하는 일에서 "사람이 말과 그림으로 동작을 익히고 그것을 이용해 의미를 만들어 소통하는 모든 과정에 편집 방법이 다양하게 살아 있"는 것으로 넓게 바라본다. 이름난 유적, 우리의 마음 깊이 남아 있는 명곡이나 명작, 과거 역사, 인간의 몸짓…… 오랜 시간에 걸쳐 여러 가지 정보가 모여 짜여 있는 것이 '편집'이다. 일상 대화에도, 학문에도, 예술에도, 요리에도, 스포츠에도 편집은 살아 움직인다.

편집은 편집술과 편집공학으로 이어진다. 편집술은 우리를 에워싼 무수한 정보를 몇 가지로 묶어서 *끄집어내*고, 어떤 방법으로 *끄집어냈는지*를 이런저런 처지와 상황에 쓸모 있게 설명하는 것이다. 그런 것들을 요모조모 따지고 과정을 밝히는 것은 '편집공학(Editorial Engineering)'이다. 신문, 잡지, 영상, 책 편집자는 편집술 혹은 편집공학을 이용해 무수히 흩어져 있는 정보를 '지식'으로 만드는 사람들이다.

주제의 시대에서 방법의 시대로

무인양품의 고문이자 츠타야 서점 및 긴자 식스의 디자이너로 우리에게 알려져 있는 하라 켄야는 인간이 처음으로 물건을 만들기 시작한 석기시대 때부터 디자인은 존재했다고 말한다. 그의 말처럼 태곳적 자기 곁 누군가의 죽음을 최초로 목격하고, 그로부터 생과 사를 '생각'한 호모사피엔스 시절부터 편집은 존재했는지도 모른다. 도구를 만들어온 인류의 역사에서 디자인의 기원을 찾는다면, 일상의 어느 순간에 그 도구가 필요한지 고심한 흔적에서 편집의 기원을 찾을 수 있다. 하라 켄야는 도구는 사람의 기능을 확장하고 세계를 가공·변용시키는 것이므로 특정 도구가 만들어지면 하나의 욕망이 진화한다고 보았다. 그 욕망이 새로운 도구를 진화시킨다는 것이다. 그렇다면 석기를 만든 사람들의 두뇌와 그 속에 담긴 지혜는 오늘날 우리와 별 차이가 없을지 모른다. 언어가 없던 시절, 몸짓으로 소통하던 시절에도 일상에 흩어진 정보를 지식으로 만드는 행위는 존재했을 테니까 말이다. 마츠오카 세이고 역시 인간의 역사는 처음부터 편집으로 시작되었다고 말한다. 직립보행을 하고 뇌의 용량이 커지고 말을 할 수 있게 되었을 때 편집의 모험은 시작되었다는 것이다.

인간의 역사는 정보의 역사이며 편집의 역사다. 인간은 늘 시대와 세상을 편집해왔다. 하늘의 무늬[天文]와 땅의 무늬[地文]에 사람의 의도적인 무늬[人文]를 입혀왔다. 저절로 생겨난 산, 강, 바다에 사람의 힘을 더했다. 사는 곳이 달랐던 동물과 식물을 곁에 두었다. 편집의 정확한 기원을 찾자는 게 아니다. 편집의 시작이 인류의 역사만큼이나 오래되었음을, 우리와 늘 함께해왔음을 말하려는 것이다.

편집은 '커뮤니케이션이 깊어지고 넓어지는 방법'이다. 일상의 사소한 문화 감각을 기준으로 서로 다른 문화를 연결시키는 것이다. 대화나 사건, 상황에 흐르는 맥락, 즉 '문맥'을 최대한 살리고, 나아가 숨겨진 문맥을 발견하거나 새로운 문맥을 끼워 넣는 것이다. 정보의 바다에서 소용돌

이치는 '문화'를 살펴야 한다. 정보를 구성하는 '문맥'을 찾아야 한다. 정보의 생김새에 주목하라, 일상생활처럼 상호 공명하라, 정보에 서로 영향을 주면서 내용을 의도한 방향으로 이끌어가라. 마츠오카 세이고가 말하는 편집의 세계로 들어가는 관문이다.

편집자는 자신만의 '편집적 세계관'을 갖고 있다. 그것은 장르로 나타나고, 매체로 나타나고, 주제의식으로 나타나고, 소재를 선별하는 것으로 나타난다. 소설가라면 불과 몇 줄밖에 안 되는 등장인물의 대화에 세계관을 담기도 한다. 세계관은 특정 시대에 대한 '입장'이다. 내가 『지식의 편집』으로 이 글을 시작한 까닭도 '주제의 시대'를 넘어 '방법의 시대'로 넘어갔다는 저자의 말에 공감해서다. 주제의 시대, 거대 서사의 시대가 사라진 지금, 편집은 몇 가지 주제가 맺어지는 '사이'를 드러내는 '방법'에 주목해야 한다.

自己編集의
문화감각

일반적으로 편집자에겐 두 가지 유형의 사람이 존재한다. 지식과 공감이라는 결과를 얻기 위해 책을 경험하는 '독자' 와 자신의 글과 생각이 독자의 눈에 띄기를 바라는 '작가' 다. 출판을 하려면 양쪽이 똑같이 중요하다. 양측을 위해 어떤 경험을 설계하느냐, 그것이 편집이다. 근래에는 '독자' 가 만들어가는 출판의 흐름이 커지고 중요해지고 있다. 독 자를 더 많이 끌어들일수록 시장이 큰 작가를 더 많이 끌어 들일 수 있다. 민음사와 문학동네 같은 기업형 출판사가 북 클럽을 운영하는 이유다.

하지만 1인 출판사를 운영하는 나는 '센스(sense)' 있는 편집의 경험과 행위에 주목한다. 소규모 출판에 맞는 작가 를 중시하고, 그 작가에 반응하는 독자를 확보하는 일도 중 요하다. 소규모 출판에서 보편적인 작가와 독자는 그다지 중요하지 않다. 그래서 나는 '하이퍼 스케일' 출판을 말한 다. 필요에 따라, 해당 도서의 시장 사이즈에 따라 시스템 의 규모를 유연하게 확장하거나 줄일 수 있는 출판이다.

구성원 모두의 지혜와 경험치를 모으는 프로젝트 출 판도 새로운 흐름이다. 이 책 『편집자의 일』도 그렇다. 출판 수업을 함께한 이들이 만드는 책. 너무 전문적이지도 너무 대중적이지도 않은 중간 수준의 비결과 경험칙을 담는 책, 이른바 '중간의 언어'를 찾기 위해 노력하는 것. 그것도 편집이다.

1인 출판사를 운영하며 출판 수업을 병행하고 있다. 앞가림도 못하는 내가 1인 출판과 독립 출판을 주제로 강의하는 이유는 출판에 섣불리 뛰어드는 사람을 막기 위해서다. 자비출판으로 낼 수밖에 없는 이야깃거리를 믿는 사람, 자산이라곤 몇 년의 일자리 경력에 지나지 않는 사람, 매년 4-10종의 책을 펴낼 제작비와 기획, 편집력, 외주 인프라를 갖지 못한 사람들이 출판을 생업으로 삼는 걸 막기 위해서다. 실제로 내 수업을 듣는 사람들은 '돈' 앞에서 출판을 피한다.

그럼에도 출판 수업을 하는 까닭은 출판 제작자로서 20여 년의 시간에 새겨진 출판을 말하는 것이 나를 다음의 단계로 나아가게 한다는 믿음 때문이다. 출판 수업은 출판에 관한 지식을 공부하는 시간이 아니다. 그런 것은 세상에 존재하지 않는다. 내가 출판 수업을 진행하는 것은 다양한 책의 실현 방법이 존재하는 사고방식이나 출판이 계속 변화하는 방식을 공유하기 위해서다. 삶의 재정적인 문제와 상관없이 조금은 '다른' 출판을 할 수 있는, 나보다 월등히 잘할 수 있는 사람을 만나는 인연의 기쁨도 나를 수업으로 이끈다. 어쩌다 마주친 그 사람이 독립적으로 책을 만들어 삶을 유지하는 모습을 지켜보고 싶은 것이다.

그래서 나는 출판 수업의 시작과 끝을 '자기편집'에 둔다. 다른 사람, 다른 것에 지배받지 않는 삶, 다른 사람을 부러워하거나 경쟁하는 것이 아니라 내가 정한 목적의식으로 책을 만들어 파는 것. 편집의 기본은 나의 일상의 경험칙에 이름을 붙이는 것이다. 그 경험칙에 반복되는 패턴, 그것이 편집자의 문화 감각이자 편집력의 기본이라고, 나는 생각한다.

편집력, 동시대를
재구성하는 능력

사실 출판에 성패는 없다. 편집과 출판에 우아한 가치를 씌우는 것에 나는 동의하지 않는다. 출판은 근본적으로 제조업이다. 문제는 그런 일에 과도한 의미를 지우거나 사업적 성패를 논하는 자들에 있다. 우리는 자신의 일이 성공적이지 않다고 생각한다. 문제는 우리의 일이 성공적이지 않아서가 아니다. 대형 출판의 경우, 그들이 쏟아 부은 돈을 정당화할 만큼 충분히 성공적이지 못해서 성공과 실패를 이야기한다. 지금도 책을 만들어 파는 이들이 만족할 만큼의 충분한 결과가 있고, 독자들은 좋은 책을 스스로 찾아서 읽고 있다. 그런데도 출판 사업주들의 성장 게임에 고용되어 더 많이, 더 빨리 책을 만들어 팔겠다고 자신의 시간을 허비하는 출판인들에 연민을 느낀다. 그들은 외부에 잘하는 사람들을 두고 내부의 한정된 인력만 바라보며 일한다. 현재의 시스템이 뒤엉켜 있더라도 없는 것보다는 낫다고 생각한다. 그리고 생산성과 효율과 의미와 가치와 매출과 수익을 고민한다. 내 것이 되지 못하는 것에 한 번뿐인 일생을 소비한다.

책을 만드는 사람들은 늘 출판의 미래를 이야기한다. 그러나 진짜 질문 앞에서 주춤거린다. 작건 크건 어떤 규모로든 풍요를 누릴 수 있는, "규모를 키우는 것뿐만 아니라 줄일 방법을 아는 것"(더글라스 러쉬코프)이 장수의 비결이다. 출판을 숫자화하지 말고, 동시대를 재구성하는 능력을 지닌 '편집력'이라는 관점에서 출판 자체에 접근해가는 것. 시장의 공식에 들어맞는 책이 아니라 지금 우리 시대에 생성되는 것을 한 권 한 권 만들어가는 것. 이제 진짜 질문을 던질 때다.

epilogue

일에는 배울 수 있는 영역과
배울 수 없는 영역이 있다.
기술은 배울 수 있지만
애초에 편집자에게 필요한 기술은 거의 없다.
그러니 책은 만들고 싶은 대로
자유롭게 만들면 된다.

츠즈키 쿄이치(都築響一)

고미영

프랑스문학과 서양미술사학을 공부했다.
좋은 학자와 그들의 글을 알리고 싶어 출판계에 입문하여
미술교양 분야 편집자가 되었다. 책에 담긴 내용도 좋았지만,
저자마다 갖고 있는 고유의 시각과 문체를 발견하는 일에
흥미를 느껴 에세이 책도 만들었다. 지금은 교양, 에세이,
미술, 만화를 다루는 출판사 이봄 대표로 있다.

김수한

서울 강북에서 나고 자랐다.
운 좋아 대학에 입학하고, 운 좋게 출판사에 입사했다.
생각의나무, 산책자(웅진싱크빅 임프린트), 현암사,
돌베개에서 논픽션을 중심으로 갖가지 책을 만들었다.

박활성

서울대학교 고고미술사학과를 졸업하고 안그라픽스에서
일했다. 격월간 디자인 잡지 《디자인 디비》와 《디플러스》
편집장을 지냈으며, 민음사 출판그룹 세미콜론 편집팀장을
거쳐 현재 워크룸 공동 대표로 일하고 있다. 옮긴 책으로
『능동적 도서: 얀 치홀트와 새로운 타이포그래피』와
『디자인과 미술: 1945년 이후의 관계와 실천』(공역)이 있다.

신승엽

1984년 익산에서 태어나 성장했다.
20대 중반, 프랑스에 건너가 사진을 공부했고,
귀국 후 2016년부터 1984Books 출판사를
운영하고 있다. 책을 만들고 사진을 찍는다.

윤동희

연세대학교 커뮤니케이션대학원을 졸업하고
《월간미술》 기자, 안그라픽스 편집자로 일했다.
대학과 서점을 유목하며 미술, 교양, 출판을
이야기하고 있다. 1인 출판사 북노마드를
운영하고 있다. 『좋아서, 혼자서』를 썼다.

전은정

식물을 좋아한다는 이유 하나만으로 '생태' 책을
주로 펴내는 1인 출판사 목수책방을 시작했고,
아직까지 문 안 닫고 책을 만들고 있다.
좋아하는 일이 지속가능한 일이기를 소망한다.

북노마드